일제침탈사 06
바로알기

조선민중이 체험한
'징용'

● 정혜경 지음 ●

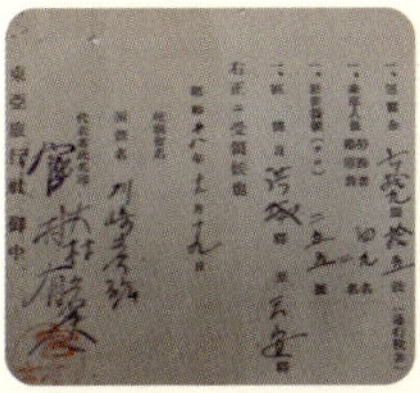

동북아역사재단
NORTHEAST ASIAN HISTORY FOUNDATION

발간사

　일본제국주의의 식민 침탈에서 벗어난 지 75년이 되었지만, 그 역사가 아직도 한일 관계에서 큰 걸림돌로 작용하고 있습니다. 21세기에 들어 일본 정부의 독도 영유권 주장은 점차 도를 더해가고 있으며, 최근에는 일제의 강제 동원 문제와 한국 대법원 판결, 일본군'위안부' 문제 해결 방안 등으로 갈등이 불거졌습니다. 급기야 그 불이 무역 분쟁, 안보 문제까지 옮겨 붙었습니다.

　한일 간의 역사 문제는 우선 '식민 지배'라는 역사를 어떻게 볼 것인가 하는 역사인식에서 기인합니다. 우리는 언제나 오늘날의 입장에서 과거의 역사를 바라보고, 다시 미래로 나아갑니다. 과거 침략의 역사를 미화하면서 평화로운 미래를 얘기하는 것은 불가능합니다. 식민 지배로 인한 잘못을 인정하고 반성하지 않으면 다시 전쟁이 일어날 위험성이 있고, 인권을 존중하지 않는 군국주의 부활을 획책할 수도 있습니다. 따라서 역사를 보는 미래지향적 인식이 필요하고, 이를 한일 양국이 공유해야 할 것입니다.

　다음, 지금의 한일 역사 문제는 '과거'의 '사실'이 명확하게 규명되지 않은 것에서 연유한 점이 있습니다. 해방된 이후, 일제강점기에 대한 개인적인 연구는 다수 이루어졌으나, 학계나 정부 차원에서 식민 지배의 실상을 체계적으로 연구 정리하고, 관계되는 자료집을 모아 정리하지 못하였습니다. 지금까지 항일, 독립운동사에 대한 연구와 자료집은 많이 출간되었지만, 일제의 통치 자체를 정리하지 못한 것입니다.

　또한 일제의 식민 침탈의 실상을 국민에게 알리고 교육하는 것도 체계적이지 않았습니다. 초등학교에서 고등학교에 이르는 학교의 역사교육은 나름

대로 성과가 있었지만, 일반 시민교육에는 사실 무관심하였습니다. 그러자 최근에는 일제의 한반도 강점과 식민 지배로 인한 피해를 부정하는 인식 아래 일제강점기에 한반도가 근대화되었고, 수탈이나 강제동원은 꾸며진 이야기라고 주장하는 책이 시중에 나오기도 했습니다. 역사인식이 명확하지 않았던 일부 국민들이 여기에 호기심을 가졌고, 또한 이를 넘어 찬동하는 사태도 일어났습니다. 이런 책에서 부정한 것은 일제 침탈의 역사뿐만 아니라 항일 독립운동의 역사, 나아가 우리 민족사 전체입니다.

우리 학계는 일찍부터 일제 침탈의 역사를 체계적·객관적으로 정리해야 한다는 점을 잘 알고 있었지만, 차일피일 미루다가 너무 많은 시간이 흘렀습니다. 이에, 더 늦기 전에 우리 재단이 중심이 되어 한국 학계의 힘을 모아 일제침탈사 연구를 집대성하고, 관련된 자료를 수집하여 체계적으로 정리하고, 일제 침탈 실상을 바로 알리기 위한 국민 대상의 교양서 발간을 기획하게 되었습니다. 2020년부터 사업을 시작하였고, 앞으로 몇 년에 걸쳐 이를 수행할 예정입니다. 일제침탈사 편찬사업은 크게 세 부분으로 나누어 (1)일제 침탈의 전모를 학문적으로 정리한 연구총서(50권), (2)문호개방 이후 일제강점기에 이르는 기간의 일제침탈 자료총서(100여 권), 그리고 (3)일반 국민이 일체 침탈을 올바르게 알 수 있는 주제를 쉽게 풀어쓴 교양총서(70여 권)로 구성하고자 합니다.

그동안 일제의 침탈상을 밝히려는 연구가 없었던 것은 아닙니다. 관련 자료집도 여러 방면에서 편찬된 바 있습니다. 그러나 모든 분야를 망라하여 학계의 연구 성과를 종합하고 관련 자료를 편찬하는 일은 이번이 처음입니다.

무엇보다 일반 시민들이 과거 제국주의 시대 우리가 겪었던 침략과 수탈의 역사를 또렷하게 직시할 수 있게 하는 종합 자료집은 드물었습니다. 따라서 정치·경제·사회·문화 등 모든 방면에 걸쳐 침탈의 역사를 알기 쉽게 기록하고 그에 대응한 자료를 모아 번역함으로써 시민들에게 일제 식민 지배의 실체와 침탈의 실상을 전하고자 합니다.

 이 책 『조선민중이 체험한 '징용'』은 일제침탈사 바로알기 교양서 시리즈 중 하나입니다. 80여 년 전 조선민중이 경험한 '징용'이라는 노무동원 피해의 실태를 동원 지역별, 직종별로 전하면서 현재 고착된 한일 간 갈등의 고리를 풀고 미래의 평화를 전망하기 위한 방안이 무엇인지 살펴보았습니다. 연인원 7백 50만여 명이 겪은 노무동원 피해는 특정한 국가와 사회에 대한 비난을 넘어 인류의 보편적 가치를 존중하고 실천하는 데 필요한 소중한 경험이자 자산입니다. 이 책이 우리 사회가 강제동원 피해라는 역사를 토대로 인간의 존엄성을 지키는 방법을 고민하고 실천하는 데 디딤돌이 될 수 있다면 기쁘겠습니다.

2021년 2월
동북아역사재단 이사장

목차

발간사 • 2

1. 고향을 떠나야 했던 조선의 민중   7
2. 누가 한인을 고향에서 내몰았을까   12
3. 징용? 모집? 관알선?   15
4. 근로보국대란 무엇일까   21
5. '징용' 가는 길   25
6. 어디로 갔을까 – 한반도   30
7. 어디로 갔을까 – 일본   37
8. 어디로 갔을까 – 남사할린   41
9. 어디로 갔을까 – 중서부 태평양   45
10. 어디로 갔을까 – 중국과 만주   51
11. 탄광과 광산으로 간 한인   58
12. 탄광과 광산 – 한인의 경험 세계   62
13. 내가 바로 어린이 탄광부   68
14. 토목건축공사장으로 간 한인   77
15. 군무원인지 노무자인지도 모르지만   82
16. 산으로 간 지하공장   87

17. 군수공장에 동원된 한인   92
18. 공습과 지진 속에서도 멈출 수 없었던 노동   96
19. 어린이도 피할 수 없었던 징용   102
20. 조선여자근로정신대가 무엇인가요   108
21. 굴종하지 않는다   116
22. 강제가 아니라고?   124

참고문헌 • 128
찾아보기 • 131

1
고향을 떠나야 했던 조선의 민중

일본은 침략전쟁인 아시아태평양전쟁(1931~1945)을 치르면서 일본 본토와 남사할린, 식민지(조선, 타이완), 점령지(중국 관내, 중서부 태평양, 중국 동북부 지역인 만주, 동남아시아)의 인력과 물자, 자금을 동원했다. 다음 지도에서 붉은색으로 표시한 곳은 일본 당국이 인력과 물자, 자금을 동원한 지역이자 조선의 민중을 동원한 지역이다. 길버트와 미크로네시아, 마셜 제도도 붉은색 표시의 대상이다.

한국의 현행법(법률 제12132호, 대일항쟁기 강제동원 피해조사 및 국외 강제동원희생자 등 지원에 관한 특별법)은 제2조 제1항에서 강제동원 피해를 '일제에 의하여 강제동원되어 군인·군무원·노무자·'위안부' 등의 생활을 강요당한 자가 입은 생명·신체·재산 등의 피해'라 규정했다.

법에서 규정한 것처럼 당시 일본이 동원한 인력의 종류는 군인과 군무원, 노무자, '위안부' 등이다. 이 가운데 가장 많은 수를 차지한 것은 노무

아시아태평양전쟁 당시 일본 최대영역도
출처: 국무총리 소속 일제강점하 강제동원진상규명위원회, 2009, 『강제동원명부해제집 1』.

자이다. 노무자가 많았던 이유는 군인만으로 전쟁을 치를 수 없었고, 민간인의 노동력이 절실하게 필요했기 때문이다.

전시에 민간 노동력은 무슨 역할을 했을까. 병사가 전쟁터에 나가려면 무기만이 아니라 옷이나 양말, 신발도 필요했다. 군수공장의 기계를 돌릴 석탄과 비행기를 만들 철강도 필요했다. 석탄이나 군수물자를 화물차와 선박에 싣는 일손도 필요했다. 비행장과 도로, 철도 건설도 사람이 해야 했다. 그래서 당시 일본에서는 병사 한 명이 전쟁터에 나가는 데 필요한 민간 노동력을 13~18명으로 산정했다.

　일본 정부의 통계에 따르면 패전 당시 일본 군인은 약 788만 명이었다. 이 수치에 13~18명을 대비해 보면, 전쟁 수행에 필요한 민간 노동력은 1억 244만 명~1억 4184만 명이 된다. 그런데 패전 당시 일본 인구는 약 7500만 명이었고, 한반도 민중을 포함해도 1억 명 정도였다. 조선의 민중을 노무자로 동원하지 않으면 민간 노동력은 도저히 채울 수 없었다.

　일본 당국은 1937년 중일전쟁을 일으킨 후 전쟁이 장기화하자 일본 본토와 식민지, 점령지의 인력과 물자, 자금을 동원하기 위해 시스템을 마련했다. 1938년 4월 1일에 제정해 5월 5일에 공포한 국가총동원법이다. 국가총동원법은 중국 전선과 인접한 만주국에서 먼저 탄생했다. 1937년 중일전쟁 후 관동군(중국 만주에 있는 일본군)은 전선을 쉬저우(徐州), 광둥(廣東) 등으로 확대하면서 많은 병력과 전비(戰費)가 필요해졌다. 당시 만주국을 실질적으로 지배하고 있던 관동군과 일본인 관료들은 원활한 전쟁 수행을 위해 1938년 2월 국가총동원법을 제정했다.

　만주국에서 법령을 제정한 군부는 여세를 몰아 일본의 국가총동원법 제정에 나섰다. 이들은 일본 본토에서 국가총동원법을 통과시키지 못하는 상황을 한심하게 여기고 본토를 압박했다. 일본의 재계와 정계는 '헌법 위반'이라는 이유로 반대했으나 육군의 압박에 버티지 못했다. 의회에서 법안 설명에 나선 군무국(軍務局) 국내과장 사토 겐료(佐藤賢了) 중좌는 반대하는 의원들에게 "조용히 하라"고 호통을 쳤다. 얼마나 살벌한 분위기였는지 알 수 있다.

　이런 분위기에서 탄생한 국가총동원법은 국가총동원체제를 운영하는 근거법이다. 국가가 전시에 인력과 물자 등 자원을 통제할 수 있도록 규정한 법(전시수권법)이었다. 그렇다면 누구를 동원할 것인가. 동원 대상은 '제국 신민, 제국 법인, 기타 단체'였다. 한인이 빠질 리 없었다. 친절하게도 국가총동원법 조문에 '일본과 조선, 타이완(臺灣), 남양청(南洋廳, 현재 중서부 태평양 통치기구), 관동청(현재 중국 본토 통치기구)'이라고 박았다. 일본 국가권력이 이러한 시스템을 갖춘 상태에서 일본과 식민지, 점령지의 민중들은 거부할 수 없었다. 국가총동원법 제33조에는 '명령에 불복(不服) 또는 기피할 경우는 3년 이하의 징역 또는 5천 원 이하의 벌금' 규정도 있었다.

그렇다면 얼마나 많은 한인을 노무자로 동원했을까. 국무총리 소속

〈표 1〉 한인 강제동원 피해 규모(중복 인원 포함) (단위: 명)

	노무자 동원		계	군무원 동원		계
한반도 내	도내 동원	5,782,581	6,488,467	일본	7,213	60,668
				조선	12,468	
	관알선	402,062		만주	3,852	
				중국	735	
	국민징용	303,824		남방	36,400	
				군인 동원		계
한반도 외	국민징용	222,217	1,045,962	육군특별지원병	16,830	209,279
				학도지원병	3,893	
	할당모집 관알선	823,745		육군징병	166,257	
				해군 (지원병 포함)	22,299	
총계			7,804,376			

출처 : 국무총리 소속 대일항쟁기강제동원피해조사 및 국외강제동원희생자 등 지원위원회, 2016, 『위원회 활동결과보고서』, 135쪽.

1. (총계) 1인당 중복 동원 포함
2. (동원 실수) 최소 2,021,995명(한반도 노무자 동원 중 도내 동원 제외한 수) 이상으로 추산
3. (지역 구분)
   - (국내) 6,552,883명[노무자 6,488,467, 군무원 12,468, 군인 51,948]
   - (국외) 1,251,493명[노무자 1,045,962, 군무원 48,200, 군인 157,331]
4. 군무원 총수는 피징용자 동원 수를 제외한 수
5. 일본군 '위안부' 피해자 제외
6. 군인(병력) 가운데 1945년 8월 기준 한반도 주둔군 숫자는 51,948명

대일항쟁기 강제동원피해조사 및 국외강제동원 희생자 등 지원위원회(이하 '위원회', 2015년 12월 폐지)가 산출한 인력동원 피해 규모 7,804,376명(중복인원) 가운데 노무자는 7,534,429명이다.

물론 780만 명은 중복 동원을 포함한 규모이다. 피해자 1인이 여러 차례 동원되기도 했기 때문이다. 그렇다면 실제로 몇 명이 동원되었을까. 약 200만 명 정도로 추산할 수 있다.

당시 일본이 조선에 부과한 공출품은 미곡부터 광물·목재·소금·잠수함에 이르기까지 다양했고, 규모도 방대했다. 한반도 전역에서 물자를 생산하고 실어 나르는 소리가 그치지 않았다. 물자와 함께 사람도 공출(供出)했다. 많은 한인이 고향을 떠나 한반도·일본·남사할린·중서부 태평양·중국 관내·중국 동북부(만주)·동남아시아·타이완의 군수공장·탄광산·군공사장·토목건축공사장·항만수송작업장·집단농장·삼림채벌장 등지에서 노역에 시달렸다. 석탄광산으로 간 사람이 가장 많았다. 주로 장정들을 동원했으나 노인과 아이, 여성도 있었다.

노무자라는 이름으로 동원한 노무동원은 국가총동원법에 따라 정책적·조직적·집단적·폭력적·계획적으로 동원한 각종 산업현장의 인력을 말한다. 당시 문서에서는 '전시노무이입자(戰時勞務移入者)'나 '공출'이라고 적었다. 전시노무이입자란 '전시기에 노무자로 일본에 들어온 사람'을 말하고, 공출이라는 단어를 사용한 것은 사람을 물건처럼 취급했다는 의미다.

2
누가 한인을 고향에서 내몰았을까

1944년 5월, 조선총독부가 마지막 국세조사를 실시한 결과에서 조선의 인구는 25,845,935명이었다. 이 가운데 중복 인원 753만 명이 노무자라는 이름으로 동원되었다.

그렇다면 어떤 사람을 동원했을까. 우선 공출에서 제외된 사람들을 알아보자. 1순위는 '끌고 가는 사람'이었다. 지위와 권력을 가진 사람, 정책결정자들이었다. 쌀을 공출할 토지를 가진 농민도 제외 대상이었다. 공출당한 이들은 토지가 없는 사람, 다른 사람을 끌고 갈 권력이 없는 사람, 즉 동네에서 가장 힘없고 가난한 사람들이었다.

한인은 어떻게 동원되었을까. 전시 강제동원은 몇몇 사람들의 개인적인 일이 아니라 일본 국가권력이 정책적·조직적·집단적·폭력적·계획적으로 수행한 공식 업무였다. 그러므로 개인이 아니라 일본 정부 기관, 조선총독부, 남양청 등 통치기관이 이들을 끌고 갔다. 당국은 법과 제도에 따라 행정체계를 갖추고 조직적으로 동원했다.

　노무동원 관련 행정조직은 중앙과 지방자치단체 조직으로 나눌 수 있다. 중앙행정조직은 조선총독부였다. 조선총독부는 국가총동원체제를 운영하기 위해 국가총동원 계획의 수립 및 총동원운동·노무자 단속·국민 연성 및 근로교육·노무동원 업무 담당 부서를 설치했다.

- 국가총동원 계획 수립 및 총동원 업무 담당 : 총독관방 자원과(1937.9.) → 기획부(1939.11.) → 총독관방 국민총력과(1940.10.16.) → 사정국 국민총력과(1941.11.19.) → 총무국 기획실, 국민총력과(1942.11.1.) → 총독관방 지방과(1943.12.1.) → 광공국 근로조정과(1944.10.15.)·총독관방 총무과(1944.11.22.) → 광공국 근로부 조정과(1945.1.27.) → 총독관방 정보과·광공국 동원과(1945.4.17.)
- 노무자 단속 업무 담당(경제경찰) : 경무국 경무과 경제경찰계(1938.11.12. 설치) → 경무국 경제경찰과(1940.2.3.)
- 국민 연성 및 근로교육 업무 담당 : 학무국 연성과(1943.12.1. 설치)
- 내무국 사회과 노무계(1939) → 내무국 노무과(1941) → 후생국 노무과(1941) → 사정국 노무과(1942) → 광공국 노무과(1943) → 광공국 근로조정과·광공국 근로동원과·광공국 근로지도·근로동원본부(1944) → 광공국 근로부 조정과·광공국 근로부 동원과·광공국 근로부 지도과(1945) → 광공국 동원과·광공국 근로부 근로제1과·광공국 근로부 근로제2과(1945)

　이 가운데 노무동원을 담당한 조선총독부의 행정부서는 내무국 사회과 노무계에서 출발해 일본 패전 즈음해서는 3개 과(광공국 동원과, 광공국 근로부 근로제1과, 근로제2과)로 늘었다. 지방행정기구는 도(道) 아래에 부(府)와 군(郡), 도(島)가 있고, 그 아래에 다시 면과 리가 있었다. 지방행정기구에서 노무동원을 했던 부서는 다음 표와 같다.

〈표 2〉 규정에 나타난 지방행정 단위의 노무동원 관련 부서

행정 단위별	노무동원 관련 부서
도	지사관방, 내무부, 재무부(산업부), 광공부 및 노무과
부	서무과, 내무과, 재무과
군·도	서무계, 내무계
읍면	권업계, 사회계, 내무계, 호적계(호적병사계)
경성부	총무부(호적과, 사회과), 구역소, 정회

지방행정기구라 하더라도 실제로 한인을 직접 동원한 가장 말단 행정기구는 읍면 단위였다. 강제동원 경험자들은 한결같이 '노무가가리가 끌고 갔다'고 회상한다. 노무가가리란 노무계(勞務係)의 일본어 발음이다. 그러나 당시 규정을 보면 '노무가가리', 즉 '노무계'는 찾을 수 없다. 그런데 노무계는 실제로 있었다. 1944년 전남 해남군 산이면에서 서무계장과 부면장을 역임했던 박호배의 구술에서 답을 찾아보자.

> 이것이 가령 해남군으로 배정이 오거든요. '몇백 명 해라' 하면 군에서 산이면 몇, 황산면 몇, 각 배정을 합니다. 군에는 **노무계**가 있어. 면에도 **노무계**가 있어. 그럼 그놈 배정하죠. 그 배정 수는 기어이 채워야 써. 기어이 채울랑께.(굵은 표시-필자)

박호배는 군과 면에 모두 노무계가 있다고 했다. 산이면 같은 곳은 한두 군데가 아니었다. 당시 각 읍면은 실정에 따라 자율적으로 계를 설치하여 융통성 있게 운영을 했다. 그러므로 규정에 없어도 실제로는 노무계를 운영할 수 있었다.

3
징용? 모집? 관알선?

제주 4·3 사건을 다룬 영화 〈지슬〉의 첫 장면에는 장총을 하나 구해 온 마을 청년이 나온다. "총 쏠 줄 아냐"는 마을 형님의 비웃음 섞인 한마디에 청년은 "그럼 그것도 모릅니까. 징용 갔다 왔는데…"라고 답한다. 징용을 다녀왔는데 총을 쏠 줄 안다니, 이게 맞는 말인가? 아니다.

일제강점기에 총은 경찰이나 군인이 아니면 구경할 수 없었다. 아마도 청년은 군인으로 동원되었으리라. 그런데 영화감독은 왜 '징용'이라는 대사를 넣었을까. 한국 사회에서 징용은 일제 말기 강제동원을 대변하는 상징적 용어이기 때문이다.

그렇다면 징용(徵用)의 뜻은 무엇인가.

사전을 찾아보면, '국가의 권력으로 국민을 강제적으로 일정한 노역에 종사시키는 것'(백과사전), '전시·사변 또는 이에 준하는 비상사태에 국가의 권력으로 국민을 강제적으로 일정한 업무에 종사시키는 일'(국어사전) 등이다. 사전에서 공통 단어는 '국가권력, 강제'이다.

조선의 민중들이 일본의 침략전쟁에 동원되었던 시절에는 어떤 의미로 사용되었는가. 1944년 조선총독부가 대민 홍보용으로 만든 『조선징용문답』에 따르면, '징병은 천황폐하의 명령하시는 대로 전선에 나가 싸우는 것이요, 징용은 총후(銃後)에서 국가가 명하는 총동원업무에 종사하는 것'이다. 즉, 징용은 징병과 근본은 같지만 군인은 아니다. 그런데도 당시 한인은, 그리고 광복을 맞은 후에도 한국 사회에서 '징용'은 '강제동원'을 의미하는 상징어가 되었다. 이 책에서도 노무동원을 지칭하는 용어로 '징용'을 사용하기도 했다.

그 사회에서 통용하는 용어는 역사성을 가지고 있다. 한국 사회가 사용하는 '징용'도 마찬가지다. 그런데 이를 부정하고 비난하는 이들이 있다. 2019년에 출간한 『반일종족주의』의 저자들이다. 이유는 '국민징용으로 동원된 사람만 강제동원인데 마치 전체가 강제동원인 듯 사실을 왜곡한다'는 것이다. 그렇다면 국민징용이 아니면 강제동원이 아닌가. 그렇지 않다.

당국이 한인을 고향에서 내모는 방식은 모집(1938.5~1945.6), 국민징용(1939.10~1945.6), 관(官)알선(1942.2~1945.6) 등 세 가지였다. 당국은 이를 '동원 경로'라고 했다. 세 가지 동원 경로를 운영하고 주관한 담당 기관은 일본 국가권력이었다. 동원 규모(중복인원)를 보면, 국민징용은 526,041명이고, 모집과 관알선은 7,008,388명이다.

〈표 3〉 노무동원 규모(중복 인원) (단위: 명)

국민징용			할당모집, 관알선				
일본	한반도	남방	일본	한반도	남사할린	남양군도	만주
222,082	303,824	135	798,043	6,184,643	16,113	5,931	3,658
계 : 526,041			계 : 7,008,388				
총계 : 7,534,429							

세 가지 동원 경로의 공통 사항은 모두 공권력으로 집행했다는 점이다. '한인을 고용하고자 하는 고용주(일본기업)가 신청한 인원수를 일본 정부가 조정해 배당하고, 조선총독부와 조정하여 확정해 송출'하는 것이다. 일본 정부 기관, 조선총독부, 남양청 등 통치기관이 담당했다.

　세 가지 동원 경로 가운데 우리에게 익숙한 국민징용을 살펴보자. 국민징용이란 국가권력이 개인의 자유와 생활을 박탈해 특정 직장에서 일하게 하는 것이다. 그러므로 징용이라는 수단은 국가의 책임을 수반하며 사무 절차도 단순하지 않았다. 국민징용령과 시행규칙을 보면, 절차가 매우 복잡했고 비용도 많이 들었다. 정부로서는 군수물자를 생산하는 인

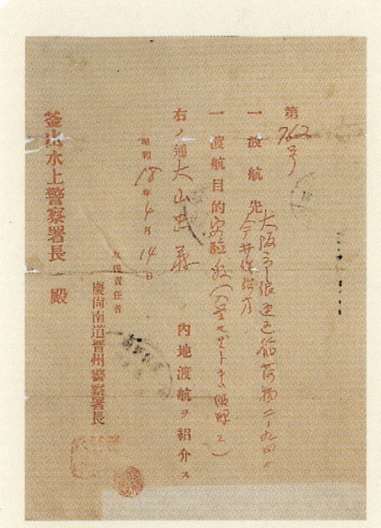

노무자 수송을 위해 경남 진주경찰서가 발행한 도항증명서
출처: 『재일한인역사자료관 도록-사진으로 보는 재일코리안 100년』, 2008, 明石書店, 66쪽.

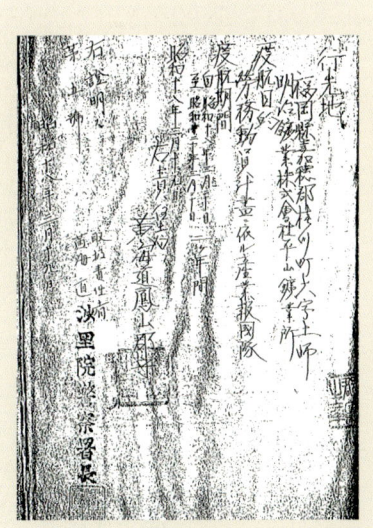

1943년 3월 19일에 황해도 봉산군 사리원의 한인을 후쿠오카현에 있는 메이지(明治)광업주식회사 탄광으로 보낸다는 경찰서장의 공문. 이때 고향을 떠난 한인은 105명이었다.(국가기록원 소장 '일제하피징용자명부')

력 확보라는 목적만 달성된다면, 다른 경로(모집, 관알선)가 더 편리했다. 그래서 초기에는 일본인이든 한인이든 소규모의 특수 기술직을 국민징용으로 동원했다. 대규모로 동원한 것은 1944년부터였다.

이 세 가지 동원 경로의 차이는 무엇일까. 흔히들 모집 → 관알선 → 국민징용의 순서대로 단계별로 강제성이 강화되었다고 생각하는데 그렇지 않다. 강제성은 동일했다. 모집이나 관알선도 노무자를 선정하는 작업부터 기차와 배에 태워 보내는 과정까지 모두 도·군·면의 직원(노무계와 면서기)과 마을 이장, 그리고 경관의 몫이었다. 특히 노무자 인솔과 수송은 관할 경찰서의 몫이어서 경찰이 인솔했다. 1943년 3월 19일에 일본 메이지광업㈜이 모집한 한인 105명을 보내는 책임자는 황해도 봉산군 사리원 경찰서장이었다.

그렇다면 차이는 무엇일까. 사고나 사망에 대한 국가 책임 여부였다. 징용은 정부가 사고나 사망 부조금을 지급하도록 했고 식량이나 수송과정에 필요한 비용을 부담했다. 이에 비해 모집과 관알선은 사고나 사망에 대한 부조금을 기업이 해결했다. 그런데 그 돈은 회사가 마련한 것이 아니라 노무자들도 모르게 각종 보험에 가입시키고 월급에서 일괄 공제한 것이다. 조금이라도 손해를 보지 않겠다는 심산이었다.

기업 입장에서 모집은 큰 이득이었다. 동원한 노무자들이 생산한 물품에 대해 정부는 우선 수매 방식을 통해 기업의 이익을 보장했고 노무자의 착취를 방임했기 때문이다. 기업이 노무자를 부려 생산량을 높이면 정부에서 받는 돈이 늘어나 이득이 커지므로 당연히 착취하게 되었다. 기업은 노무자를 데려오는 데 들어간 비용을 임금에서 공제했다. 연락선 승선비, 기차삯 등 교통비, 숙박비, 부산에서 입힌 국민복값을 임금에서 공제했다. 회사 모집인이 경성에서 묵었던 여관의 숙박비와 조선총독부 관리들에게 쓴 접대비도 한인 노무자 몫이었다. 물론 당사자는 모르는 빚이었다. 이들이 짊어진 빚은 '선대금(先貸金)'이라고 불렀다.

이런 사실은 자료를 통해 알 수 있다. 홋카이도(北海道)에 있는 스미토모(住友)광산주식회사 고노마이(鴻之舞) 광산의 모집인이 경성에서 본사로 보낸 '발신전보'라는 자료가 있다. 발신전보는 매일 사용한 접대비 내역을 빠짐없이 적었다. 이 자료에 따르면 1941년에 12월 21일에 242명을 데려오는 데 들어간 접대비용은 '8,300엔'이나 되었다.

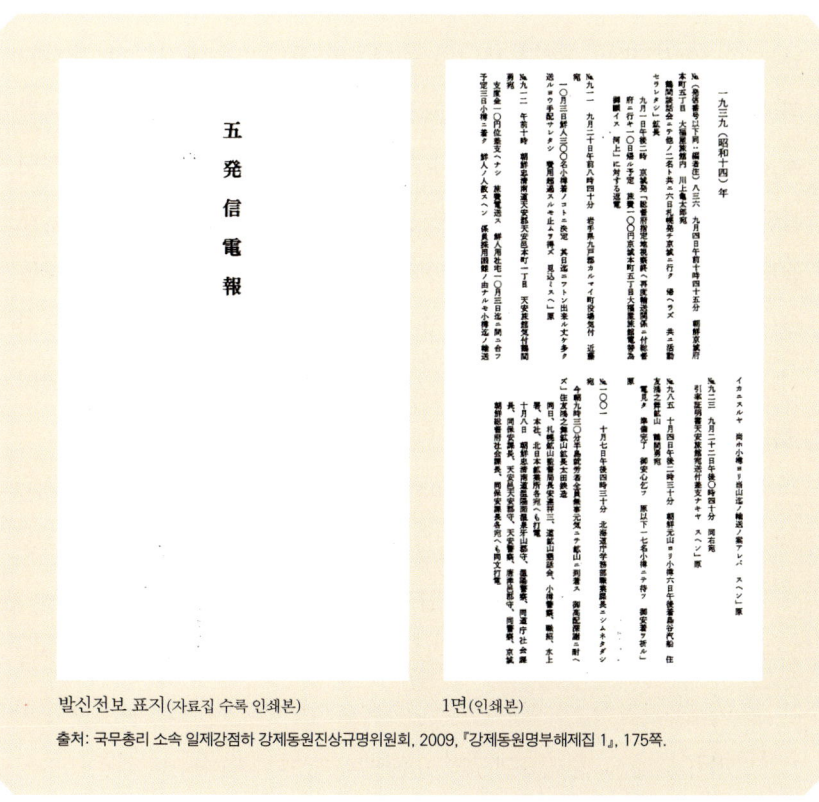

발신전보 표지(자료집 수록 인쇄본)　　　1면(인쇄본)
출처: 국무총리 소속 일제강점하 강제동원진상규명위원회, 2009, 『강제동원명부해제집 1』, 175쪽.

항구에서 지급한 국민복과 신발값도 한인이 갚아야 할 빚이었다. 작업장에 도착해서도 빚은 줄어들지 않고 늘어났다. 탄광에서 쓰는 곡괭이, 일본 버선, 숙소 전등, 탄광용 랜턴 등에 모두 사용료를 부과하여 계산하고 있었기 때문이다. 형편없는 숙소 사용료와 이불, 식비, 아플 때 받아먹은 약값도 월급에서 꼬박꼬박 빼갔다. 별의별 이름의 보험료와 주민세도 내야 했다. 이러저러한 것을 제하면 마이너스를 의미하는 빨간 숫자가 남았다. 열심히 빚을 갚아야 1년 후에 용돈이라도 구경할 수 있었다.

그런데 현장은 열악했고 노동조건은 가혹했으므로 사고가 자주 일어나 사망자가 속출했다. 이것저것 다 제외하면 남는 돈이 없어 고향에 송금도 할 수 없었다. 그러다 보니 노무자들의 불만이 높아졌다. 노무자들의 불만이 고향에 널리 알려지자 모집이 어려워졌다. 관청이 무서워 모집에 응하기는 해도 부산항에 도착하기 전에 다수가 탈출해버렸다. 그래서 관알선으로 바꾸어 수송 과정에서 탈출을 방지하고 대량수송문제를 개선하기로 했다. 그런데도 탈출은 오히려 늘어나 1943년에는 40%가 되었다. 전황이 기울어가는 마당에 생산성을 높이고 민중의 불만을 잠재우기 위해서는 정부가 책임지는 모습을 보여주어야 했다. 그래서 할 수 없이 국민징용제도를 확대했다.

4
근로보국대란 무엇일까

근로보국대란 1938년 조선총독부 지시로 운영한 노무동원 방식이다. 1937년 중일전쟁을 일으킨 일본은 예상과 달리 전쟁이 장기전으로 들어가자 한인들에게 더 많은 것을 요구하게 되었다. 중국 전선으로 신속히 물자와 식량을 보급해야 하는 상황이 되었기 때문이다.

물자와 식량을 신속히 보급하기 위해서는 식량과 물자를 생산해야 했다. 조선에서 군수물자를 대량으로 생산하려니 전기가 필요했다. 전기를 생산하기 위해 압록강과 두만강에서 대대적인 발전소공사를 했다. 물자와 식량 생산 다음으로 필요한 것은 수송이었다. 수송을 위해 육상과 해상의 교통로를 확보해야 했으므로 철도와 항만 공사가 시급했다. 발전소와 철도, 항만 구축을 위해 대규모 토목공사를 일으키자 많은 노동력이 필요했다. 그러나 일본이나 남사할린, 만주 등으로 조선의 민중을 보내야 했으므로 한반도의 공사장에서 노동력을 찾기 어려웠다. 그래서 생각한 것이 근로보국대 제도였다.

조선총독부는 1938년 6월 26일 내무부장이 도지사를 상대로 통첩(국민정신총동원근로보국운동에 관한 건)을 발동하고, 6월 28일 근로보국대 실시요령을 발표한 후 7월 1일 내무부장이 각 부윤(府尹), 군수에게 통첩을 하달했다. 근로보국대를 결성하라는 내용의 지시와 통첩이었다.

근로보국대는 도·부·군·도·읍·면(道·府·郡·島·邑·面) 행정단위로 지방조직을 결성하고, 아래로 정동회(町洞會)·부락 등을 단위로 조직했다. 국민정신총동원연맹, 농촌진흥단체, 청년단, 부인회, 학교 등을 중심으로 하며 형무소 직원과 수인으로 조직한 형무소 보국대, 맹아원 등도 있었다. 명칭도 청년근로봉사대·노동봉사대(청년)나, 부인노동단·이앙단·노동봉사대(여성), 학교근로보국대·아동근로보국대(학생) 등 다양했다.

1938년에는 동원 대상을 '20~40세 남녀'로 했으나 1941년에는 '14~40세 남녀'로, 1945년에는 12세부터 동원할 수 있도록 확대했다. 그러나 이마저도 지키지 않았다.

> 1933년 제주읍 이도리에서 태어난 소녀(중인)는 신제주 목석원 부근에 있는 정실오름(당시 남주봉) 군사시설물공사장에 끌려갔다. 열 살 소녀는 1944년 4월부터 10월까지 매일 도시락을 싸서 40분 넘도록 산길을 올라 군사용 지하토굴을 파고 흙과 돌을 날랐다. 면에서는 집집마다 한 명씩은 나가야 하는 상황이라며 어린아이를 공사장에 데리고 갔다.
> 정실오름에는 50명이 넘는 군인들이 막사를 치고 주둔하고 있었다. 남자들은 전봇대만한 통나무를 메고 굴속에 들어가 굴을 팠고 중인은 굴 밖에서 흙과 돌을 나르는 일을 했다.

일제강점기의 모습을 담은 사진이 있다. 동아시아 최대 난공사로 알려진 수풍발전소 공사 현장에 하얀 두건을 쓴 여성들이 위험한 시멘트 구조물과 바위에 올라가 일하는 모습이다. 앳된 모습의 아이와 금방이라도 쓰러질 것 같은 노인의 모습이 담긴 사진도 있다. 근로보국대, ○○정신대, ○○봉사대, 학도근로대 등 사진의 깃발에 적힌 이름은 다르지만 근로보국대 제도에 따라 동원된 이들이다. 모내기나 마을 청소도 있으나 대부분은 토목건축공사장에 동원했다.

  이같이 근로보국대는 당국이 '근로보국(勤勞報國)'을 내세워 학생, 여성,

1938년 10월 19일 강천면 근로보국대 출동 모습
출처: 국무총리 소속 대일항쟁기 강제동원피해조사 및 국외강제동원 희생자 등 지원위원회, 2012, 『조각난 그날의 기억』, 123쪽.

1939년 3월 경기도 수암면 근로보국대 모습
출처: 『조각난 그날의 기억』, 133쪽.

1940년 평안북도 정주지역 철도공사장에 동원한 광양산업보국대 모집. 앞 줄에 어린이들이 앉아 있다.
출처: 『조각난 그날의 기억』, 135쪽.

1940년 10월 중앙선 철도공사장에 동원한 광양근로보국대. 노인과 아이의 모습이 보인다.
출처: 『조각난 그날의 기억』, 132쪽.

농촌 인력 등을 일상적으로 동원했던 방법이었다. 그렇다면 '근로보국'이란 무엇인가.

노동은 신성하고, 이것은 국가봉사라고 하는 공익성을 의미하는 것이었다. … 근로보국은 '국민개병(國民皆兵)'과 같이 신체를 앞장세워 군국(君國)을 받든다고 하는 일본 정신의 앙양이라고 해야 할 것이다. 우리의 노동력은 모두 국가에 봉사해야 하며, 이것은 병역의 의무와 함께 최고의 도덕으로써 의무와 노예(勞譽)를 지는 것이었다.

당국은 근로보국을 생활 속에서 천황에 대한 복종과 감사의 마음을 가지고, 근로를 생활화하는 것이라고 했다. 가장 최선의 애국이자 명예이며, 반드시 해야 하는 의무라고도 했다. 그러므로 한 사람이라도 불평을 하거나 게을리하면 안 된다고 했다. "그저 보은감사의 마음으로 하는 것"이며, "근로보국대에 특히 필요한 것은 대장의 명령에 복종할 것, 전원이 협력 일치할 것, 질서를 바로 하여 일을 하는 것"이라고 했다.

이같이 조선총독부는 학생, 직장인, 여성, 청년 등을 상대로 전국 방방곡곡의 작은 마을 단위까지 근로보국대를 구성해서 주로 토목건축공사장에 동원했다. 일본이나 남사할린, 중국 만주, 중국 하이난섬으로 동원하기도 했으나 한반도에 가장 많이 동원했다.

그렇다면 얼마나 많은 사람을 동원했는가. 자료의 한계로 전체 규모는 알 수 없다. 다만 1940년 지역별 근로보국대 출동 인원이 65만 명(연인원)이라는 것, 1944년에 동원한 근로보국대원이 무려 1,925,272명이라는 것을 알 수 있을 뿐이다.

5
'징용' 가는 길

한인이 고향을 떠나 '징용' 가는 과정은 크게 네 단계였다.

제1단계 : 노동력 조사 및 등록.

제2단계 : 요청(要請). 노동력이 필요한 기업은 다음해 필요한 인원수를 일본 후생성(厚生省. 남양군도는 남양청)에 신청을 한다. 그러면 후생성(또는 남양청)은 기업별로 인원을 할당하고 고용 허가를 내준다. 허가를 받은 기업은 조선총독부에 모집 허가를 신청한다.

제3단계 : 동원(動員). 모집 허가를 접수한 조선총독부는 인원 조정을 한 후, 지역을 할당한다. 그리고 지방행정기관이 나서서 기업 담당자와 함께 지정된 지역에서 할당된 인원을 동원한다.

제4단계 : 수송(輸送). 지방행정기관은 수송 준비를 완료해 집단으로 배에 태워 보낸다. 당시 기록에서는 송출(送出)이라 표현했다.

사람을 모집하고 기차에 태워 부산까지 수송하고, 마지막으로 부관연

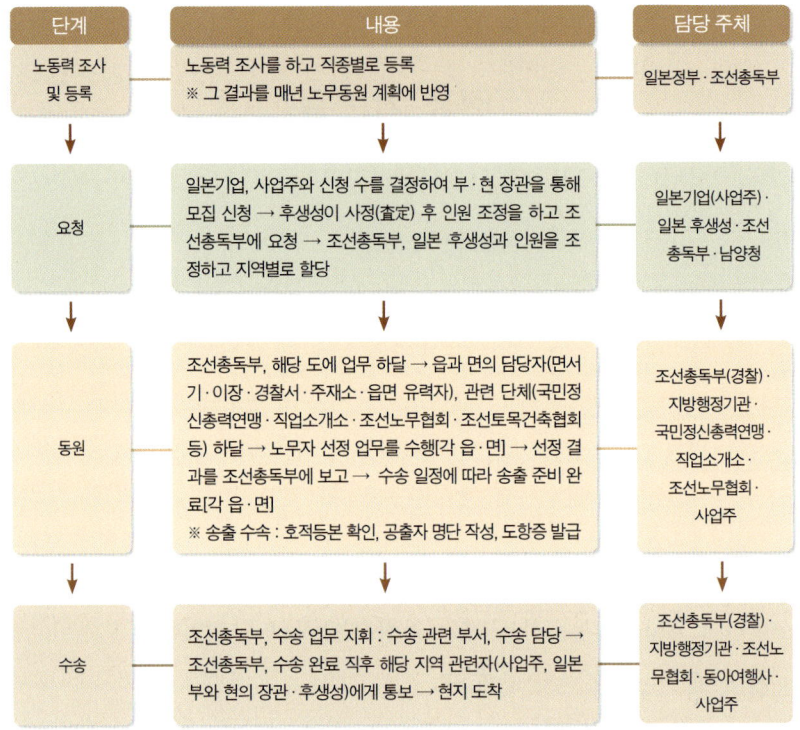

락선(關釜聯絡船. 부산과 일본의 시모노세키 사이를 연결하던 연락선)에 태우는 모든 과정은 조선총독부가 주관했다. 이 과정에 중앙행정 부서는 물론이고 경찰이나 군청 직원, 면 직원, 철도청 직원, 소방서원 등 모든 공권력을 동원했다. 한인을 동원하는 모든 과정은 조선총독부가 주관했고, 지방행정기관이 수행했으며 관련 기업과 관련 단체인 직업소개소와 조선노무협회, 동아여행사 등이 업무를 보조하거나 지원했다.

그런데 동아여행사는 무슨 역할을 했을까. 당시 동아여행사는 상업적 목적의 관광여행사가 아니었다. 1912년 재팬 투어리스트 뷰로(Japan Tourist Bureau)라는 이름으로 창립해 1942년에 동아여행사로, 1944년에 동아여행공사로, 일본 패전 후에는 일본교통공사(JTB)로 이름을 바꾼 후 지금까지 운영하고 있다. 동아여행사는 노무동원을 담당하던 조선총독부 후생국 노무과와 논의해 수송에 필요한 단체수송신고서를 철도국에 보내고 '단체수송계획표'를 작성해 동원하는 노무자들의 숙박과 도시락 수송을 담당했다.

국가기록원에는 동아여행사가 노무자 수송을 담당했음을 명확히 알 수 있는 자료가 있다. 고 김광열 기증 기록물에 있는 '가와사키(川崎) 탄광 영수증'이다. 1943년 12월 후쿠오카현(福岡縣) 다가와군(田川郡)에 있는 가와사키 탄광에서 한인 노무자를 동원하는 과정에서 생산한 자료이다. 충남 홍성에서 출발해 가와사키 탄광에 동원하는 한인 49명과 국민근로동원서 소속 인솔자(보도원) 2명의 이동 경로별 영수증이다. 강제동원을 주관한 기관은 다가와국민근로동원서(田川國民勤勞動員署)이다. 국민근로동원서는 1938년 일본이 설치한 국영단체로 1942년 이후에는 내무성의 위탁을 받아 동원업무를 수행했다. 탄광회사는 국민근로동원서에 필요한 노무자 인원을 요청하고 국민근로동원서의 지시에 따라 조선에서 노무자를 동원했다.

영수증을 통해 일자별로 동원 코스를 살펴보면 다음과 같다.

- 1943년 12월 19일 : 한인 49명과 인솔자(보도원) 2명 등 총 51명이 기차로 충남 홍성역을 출발해서 천안역에 도착. 이때 가와사키 탄광은 보도원 오무라(大村岩夫)를 통해 비용 79원 15전을 동아여행사에 지불. 12월 19일, 천안역에서 가와사키역까지 한인 노무자 49명과 인솔자 2명의 수송 비용(기차, 부관연락선 승선비)을 가와사키 탄광이 보도원 오무라를 통해 동아여행사에 지불 → 12월 19일, 천안 야마시로야 식당에서 50명이 식사. 석탄통제회 노무부 경성사무소가 보도원 오무라를 통해 비용 20원을

> 식당에 지불 → 12월 19일, 천안역에서 부산역에 도착
> - 12월 20일 : 한인 49명이 부산에 있는 경성여관에 숙박하고 총 4끼의 식사
>   (12월 21일, 석탄통제회 노무부 경성사무소는 동아여행사에 117원 60전을 지불)
> - 12월 21일 : 일행은 시모노세키항에 도착해 숙박. 석탄통제회 노무부 경성사무소가 보도원 오무라를 통해 98원을 동아여행사에 지불

이 과정에서 가와사키 탄광과 석탄통제회가 동아여행사에 지불한 돈은 나중에 모두 가와사키 탄광에 동원한 한인의 임금에서 공제했다.

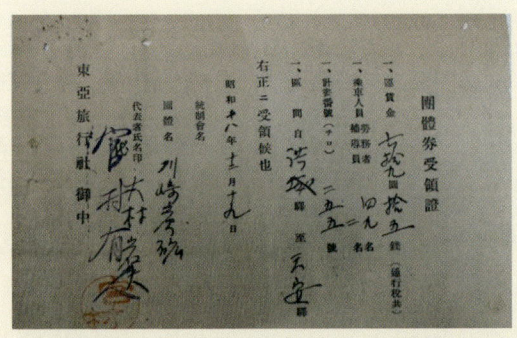

충남 홍성에서 천안으로 이동할 때 지불한 교통비 영수증(국가기록원 소장)

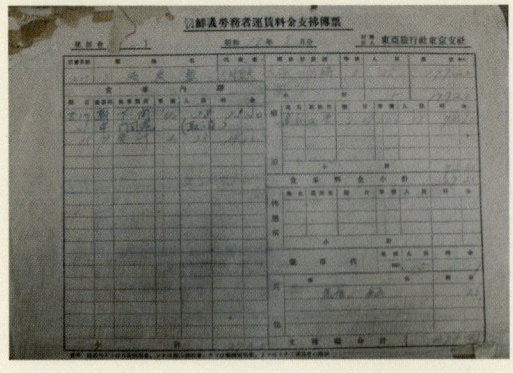

일본 시모노세키에 도착한 후 식사를 하고 발급받은 영수증(국가기록원 소장)

고향 집을 떠나 일본이나 남사할린, 동남아시아, 중서부 태평양(당시 지명은 남양군도)으로 가는 한인은 부산과 여수항에서 연락선을 타고 시모노세키로 갔고, 중국과 만주로 가는 이들은 경성역에서 기차를 타고 북쪽으로 향했다. 남양군도로 가는 이들은 시모노세키에 도착한 후 고베(神戶)나 요코하마(橫浜)로 가서 다시 배를 타고 떠났다. 일제 말기에는 원산항에서 곧바로 남사할린을 향해 출발하는 연락선을 운영하기도 했다.

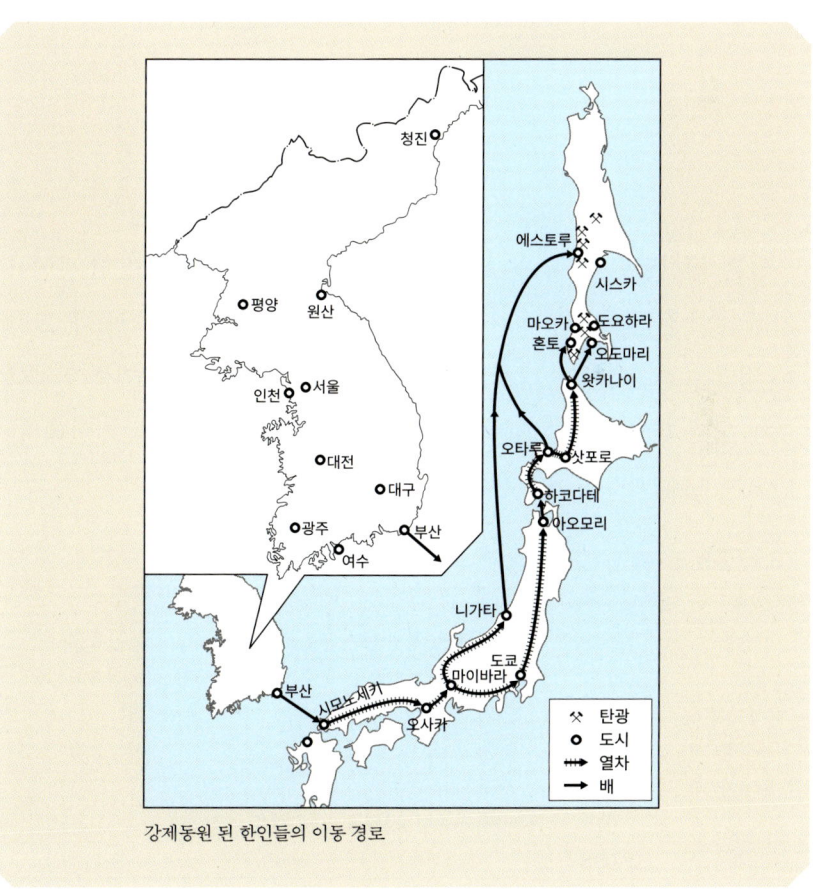

강제동원 된 한인들의 이동 경로

6
어디로 갔을까 – 한반도

 일본, 남사할린, 중국 관내와 만주, 동남아시아, 한반도 가운데 한인이 가장 많이 끌려간 곳은 어디일까. 가장 먼저 일본을 떠올릴 것이다. 그러나 정답은 한반도이다. 강제노역장 현황을 보면, 2015년 말 기준 위원회 조사 결과 한인을 동원했던 노무동원 작업장 총 12,095개소 가운데 한반도는 7,467개소로 가장 많다.

〈표 4〉 동원 지역별 노무동원 작업장 실태

지역	작업장 수(개소)	주요 직종
한반도	7,467	탄광, 광산, 항만운수, 군수공장, 군공사장, 토목건축공사장
일본	4,119	탄광, 광산, 항만운수, 군수공장, 군공사장, 토목건축공사장
남사할린	77	탄광, 삼림채벌장, 토목건축공사장, 공장, 수산업
태평양	112	광산, 군공사장, 항만운수, 토목건축공사장, 공장, 농장
동남아	4	공장(제철소), 농장
중국 만주	316	탄광, 군공사장, 토목건축공사장, 농장
소계	12,095	

일본 정부가 공식 발표한 한인 동원통계를 보면, 한반도 내 노무동원 피해자(6,488,467명)는 한반도 외 노무동원 피해자(1,045,962명)의 4배가 넘는다. 1인당 중복 동원이라는 점을 고려해도 많다. 당시 한반도의 영토 규모나 인구는 일본의 절반에도 미치지 못했으니 조선 땅에서 펼쳐진 가혹했던 수탈을 짐작할 수 있다.

이같이 한반도는 일본이 침략전쟁을 치르던 시기에 가장 많은 물자와 사람이 동원되었던 공출의 현장이었다. 사람도 나가고 금붙이도 나가고, 민중의 울음소리만 남은 땅이었다. 이토록 많은 노무 작업장에서 많은 이들이 일해야 했던 이유는 한반도가 침략전쟁을 위한 기지였기 때문이다. 조선총독부는 한강 이북지역 군수공장에서 생산된 군수물자는 주로 중국과 만주 전선으로, 이남에서 만든 군수물자는 일본으로 보냈다. 당국은 군수물자를 생산하던 기업에 표창장을 주며 공출을 독려했다.

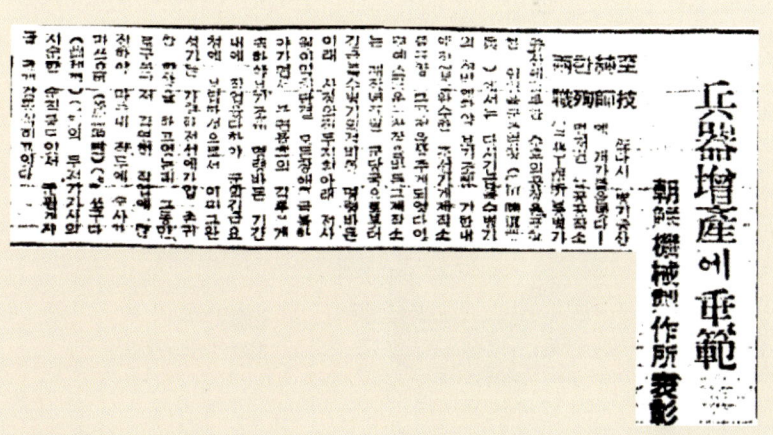

『매일신보』 1945년 1월 8일 자

미군의 해상 봉쇄로 물자 수송이 어려워지자 인천에서 물자 수송용 잠수함을 만들기도 했다. 1944년 8월, ㈜조선기계제작소 인천공장은 군의 명령에 따라 잠수함 4척을 완공해 육군에 인계했다. 길이 35미터, 배수량 300톤 규모의 소형이었으나 2만 명 병사의 1일분 식량 24톤을 적재할 수 있었다. 이같이 일본이 전쟁을 치르기 위해 식민지 조선에 부과한 의무는 무거웠다.

2015년 말 위원회가 조사한 한반도 노무 작업장은 7,467개소를 토대로 추가 조사를 해보니, 7,597개소가 된다. 한반도에 동원된 6,488,467명이 노역을 했던 곳이다.

직종별로 보면 5,507개소가 탄광산이다. 서울을 비롯해 남쪽으로는 전남, 북쪽으로는 함북까지 한반도 방방곡곡에 탄광이나 광산이 없었던 지역은 찾기 어려울 정도였다. 한반도의 탄광산은 숫자와 규모도 컸지만 석탄을 비롯해 알루미늄의 원료가 되는 명반석, 텅스텐, 아연, 니켈, 마그

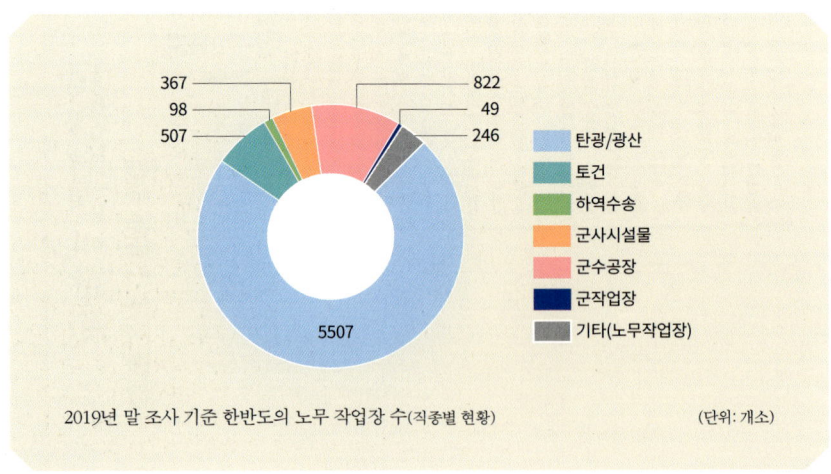

2019년 말 조사 기준 한반도의 노무 작업장 수(직종별 현황) (단위: 개소)

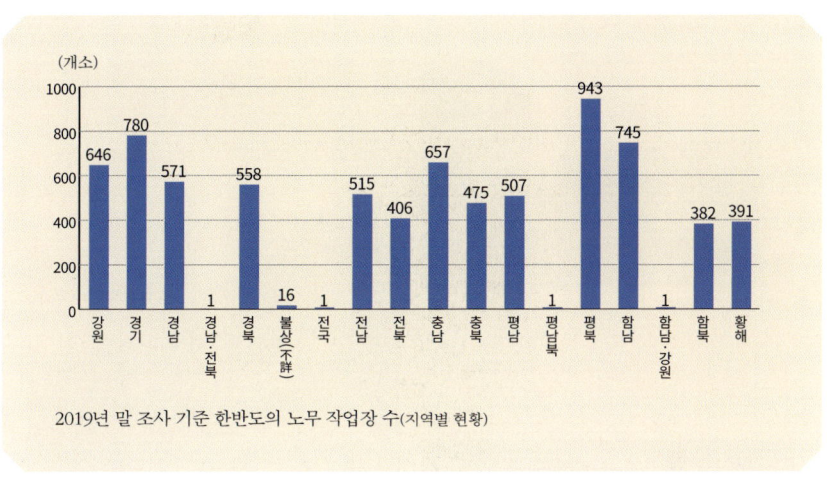

2019년 말 조사 기준 한반도의 노무 작업장 수(지역별 현황)

네사이트, 모나자이트 등 다양한 광물이 묻혀 있었다. 이 광물들은 군수품과 특수기계의 원료였다.

당국은 일찍부터 한반도의 특수 광물에 주목하고 현황을 파악했다. 일본이 1929년 4월 1일 자원조사법 공포 후 자원조사령을 공포하자, 조선도 1929년 4월 11일 자원조사령을 적용하고, 1933년 조선광업령(개정)과 금탐광장려금 교부규칙 등을 공포하며 대대적인 조사와 광산 개발에 착수했다. 매년 지역별로 묻힌 광물의 종류와 규모를 파악하고, 보고서를 발간했다.

조사 대상 가운데 대표적 광물은 알루미늄의 원광인 명반석이다. 알루미늄은 비행기·자동차의 몸체, 엔진 부품, 특수기계의 재료 등으로 사용했으므로 군수물자로서 희소성을 인정받았다. 당국이 채광한 명반광 총 11개소 가운데 중심 광산은 해남 옥매광산이다. 옥매광산은 1916년 채굴 허가를 받아 납석(蠟石)과 명반석, 고령토(高嶺土)를 채굴하기 시작했다.

선착장 바로 앞의 노천광산에서 광물을 운반하기 위해 만든 광석운반시설
출처: 『전라남도 해남 옥매광산 노무자들의 강제동원 및 피해실태기초조사보고서』, 2012.

노천광산 정상. 현재도 광물 채취가 가능하다. (2013년 6월 촬영)

시설물 내부. 상층의 구멍을 통해 광물을 적재하도록 한 구조(2013년 6월 필자 촬영. 이하 촬영자가 명기되지 않은 사진은 모두 필자가 찍은 것이다)

군수공장(군작업장 포함)은 871개소인데 주로 경기와 경남에 집중했다. 그 이유는 군수물자 생산과 수송을 위해서는 기술력 조달과 수송의 인프라를 갖춘 대도시가 적합했기 때문이다. 군수공장은 탄광산에 비해서는 수가 매우 적었다. 그러나 중요한 것은 무기를 생산하는 군 공장이 있었다는 점이다. 인천시 부평에 설치한 인천육군조병창과 평양병기보급창에서 무기를 생산했다. 인천육군조병창은 조선군관구부대 육군병기행정본부 소속이었다.

육군조병창이란 육군에서 사용하는 각종 무기를 생산하는 기관인데, 인천육군조병창은 일본이 식민지와 점령지에 설치한 유일한 조병창이다. 조병창은 무기를 생산하는 곳이므로 대본영[大本營. 전시 중이나 사변(事變) 중에 설치한 일본 육군과 해군의 최고 통수 기관]이 있는 일본 본토에 두는 것이 일반적이었다. 그러나 육군은 예외적으로 한반도의 부평과 평양에 조병창을 설치하고 각종 무기를 생산했다. 1937년 중일전쟁 발발 후 1939년에 전쟁은 교착상태가 되었고, 200만 명이 넘는 일본군은 전선에 발이 묶였다. 이러한 상황에서 무기를 원활하게 보급하기 위해 한반도에 무기공장을 설립한 것이다.

당국은 1939년 9월, 인천육군조병창 공장 건설에 들어가 2년 후인 1941년 초 총검공장과 견습공 연습공장 등을 일부 완공하였고, 1941년 5월 5일 인천육군조병창이라는 이름으로 공식 발족했다. 부평에 본부와 제1제조소를, 평양과 경성·부산·함경북도에 제조소와 감독반을 두었

현재 남은 인천육군조병창 모습. 인근 아파트 단지도 조병창 부지였다.(안해룡 촬영)

당시 정문으로 사용했던 기둥(2019년 5월 촬영)   당시 건물(2019년 5월 촬영)

다. 인천육군조병창 제1제조소의 초기 생산목표는 소총 2만 정, 경기관총과 중기관총 각 100정, 총검 2만 개, 군도 1천 자루 제조였다.

7
어디로 갔을까 – 일본

위원회가 산출한 강제동원 피해 규모 통계에 따르면, 일본으로 동원된 한인 노무자는 1,020,125명이다. 동원 지역별로 보면 한반도에 이어 두 번째로 많다.

2015년 말 기준 위원회가 조사했던 일본 지역 한인 노무동원 작업장은 4,119개소였다. 추가 조사를 한 결과 4,297개소로 밝혀졌다. 4,297개소는 일본 남쪽 오키나와현(沖繩縣)에서 북쪽 홋카이도까지 고루 분포되어 있다.

직종별로 보면 토건(토목건축)작업장이 가장 많다. 그러나 일본 지역 노무동원이라고 하면 탄광산을 떠올린다. 그 이유는 가장 많은 사람을 동원했기 때문이다. 1944년 조선총독부 재무국이 제85회 일본 제국의회에 보고한 국민동원통계에서 일본 지역으로 동원된 한인의 직종별 비율을 보면, 탄광산이 56.6%이고, 군수공장이 28.4%, 토건작업장이 15%였다. 동원자 비율이 가장 높은 직종은 탄광산이었다.

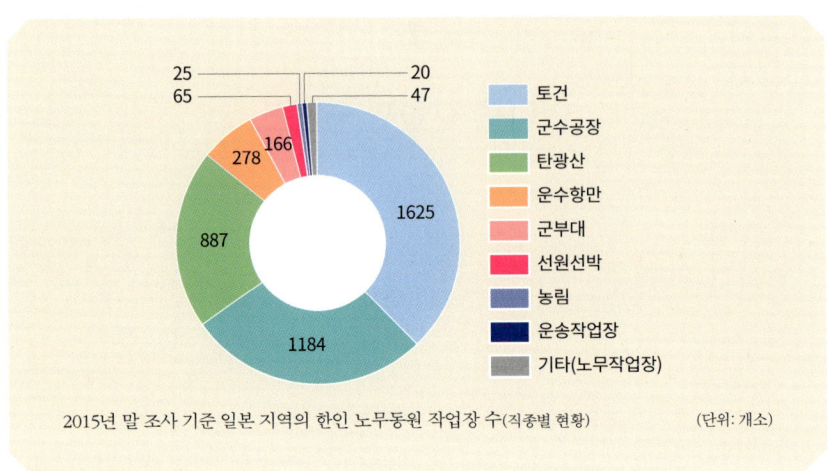

2015년 말 조사 기준 일본 지역의 한인 노무동원 작업장 수(직종별 현황)   (단위: 개소)

일본의 탄광산은 887개소인데 석탄의 비율이 매우 높다. 887개 탄광산 가운데 탄광은 363개소로 40%에 달한다. 한반도의 탄광 비율 2.7%와 비교하면 탄광의 비율이 매우 높다. 일본의 주요 탄전은 홋카이도와 후쿠오카의 지쿠호(筑豊), 조반(常磐) 등 3대 탄전이다.

이 가운데 지쿠호 탄전은 112개의 탄광에서 10만 명이 넘는 한인을 동원했다. 1944년 1월 후쿠오카현이 조사한 결과에 따르면 113,061명을 동원했음을 알 수 있다. 1944년이 가장 많은 한인을 동원한 시기라는 점을 고려하면, 더 많은 한인이 동원되었을 것이다. 홋카이도는 55개의 탄광에 한인 48,684명(1945년 3월 기준)을 동원했다. 규모가 작은 조반 탄전에도 한인을 21,413명 동원했다는 석탄통제회 동부지부 조사 결과가 있다.

이같이 동원 규모로는 탄광산이 압도적인데, 작업장 규모에서는 토건작업장이 가장 많다. 전시기에 토건작업장이라고 하면 무슨 공사장을 의미하는가. 공장건물공사장이나 철도도로공사장도 있지만 비행장이나 군 소속 작업장, 발전소, 지하공장 공사장이 다수를 차지했다. 특히 군 소속 작업장은 551개소로 토건작업장 가운데 34%에 달할 정도로 높은 비중을 차지했다. 여기에 비행장 325개소를 더하면 비율은 54%로 늘어난다.

군 소속 작업장 가운데 우리에게 잘 알려진 곳은 마쓰시로(松代) 대본영이다. 대본영은 육군 대원수인 천황이 총동원 전쟁을 진두지휘하는 총사령부였으므로 도쿄에 있었는데 전쟁의 패색이 짙어지자 마쓰시로로 옮기게 되었다. 나가노(長野)에 있는 세 개의 산(쇼잔象山, 미나카미야마皆神山, 마이즈루산舞鶴山) 아래에 지하시설을 만들어 총사령부를 옮기려 했다. 총사령부가 나가노로 옮겨온다는 것은 도쿄의 중앙 행정조직이 모두 이전함을 의미한다. 당국은 황실과 군, 정부 기관, 방송국(NHK), 중앙전화국까지 옮기려 했다. 이 가운데 쇼잔은 현재 일반에 공개되어 있는데, 공개하는 지하시설은 길이가 5킬로미터 정도다.

이 지하시설공사는 1944년 11월 10일에 착공했으나 80% 정도 진척되었을 때 전쟁이 끝났다. 전체 공사는 일본 동부군이 주관하면서 운수성에 위탁했다. 운수성은 ㈜니시마쓰구미(西松組)라는 건설회사에 공사를 맡겼고, 니시마쓰구미는 일부 공사를 ㈜가지마구미(鹿島組)에 맡겼다. 이 두 건설회사는 지금도 일본의 대표적인 건설회사로 남아 있다. 한인은 1944년 10월부터 1945년 4월까지 동원했다. 몇 명을 동원했을까. 4,000명설, 5,000명설, 8,000명설 등이 있다. 현장 책임자인 요시다 에이이치(吉田英一)는 7,000명 수준이라 했다.

쇼잔의 굴 안에는 한인들이 남긴 듯한 '대구(大邱)'나 '밀성(密城)' 등 고향의 지명을 나타내는 글씨가 남아 있다. 밀성은 밀양의 옛 지명이다. 고향

을 그리는 마음을 바위에 새긴 것이다. 쇼잔 지하호 입구에는 시노노이(篠 ノ井) 아사히(旭) 고등학교 학생들과 일본 시민들이 세운 '마쓰시로 대본영 조선인희생자 추도평화 기념비'가 있고, 하라야마(原山)라는 일본 노인이 경남 창녕 출신의 사망자 박도삼(朴道三)의 영정을 세워 두고 방문객들에게 한인 강제동원의 역사를 들려주기도 했다.

한인이 새겼다고 알려진 글자 '대구'(2002년 6월 촬영)   영정 사진으로 남은 박도삼의 모습(2002년 6월 촬영)

8
어디로 갔을까 – 남사할린

　남사할린은 러일전쟁 후 일본이 차지하면서 가라후토(樺太)라고 불렸다. 일제강점기 조선에서는 가라후토의 독음대로 '화태'라고 불렸다. 자작나무가 많은 이 땅에 한인이 간 것은 1910년대 말부터였다. 1919년 미쓰이(三井) 광산 소속 가와카미(川上) 탄광은 한인 500명을 데려왔다고 한다. 그러나 전쟁이 일어나기 전에 한인이 주로 살던 곳은 남사할린이 아닌 북사할린이었다. 그러다가 일본이 침략전쟁을 일으키면서 남사할린에 한인이 늘어났다.

　전쟁이 일어나기 전에는 조선에서 남사할린까지 선박으로 이동했다. 그러나 1941년 12월 태평양전쟁 후 연합군이 일본과 한반도의 해상을 봉쇄하자 한인 강제동원 수송은 주로 일본을 거치는 육송에 의지하게 되었다.

　고향을 떠나 남사할린까지 얼마나 걸렸을까. 1주일 정도 걸린 것으로 보인다. 유유원은 부산, 도쿄, 홋카이도를 거쳐 남사할린까지 가는 데 8~9일이 걸렸다고 했다.

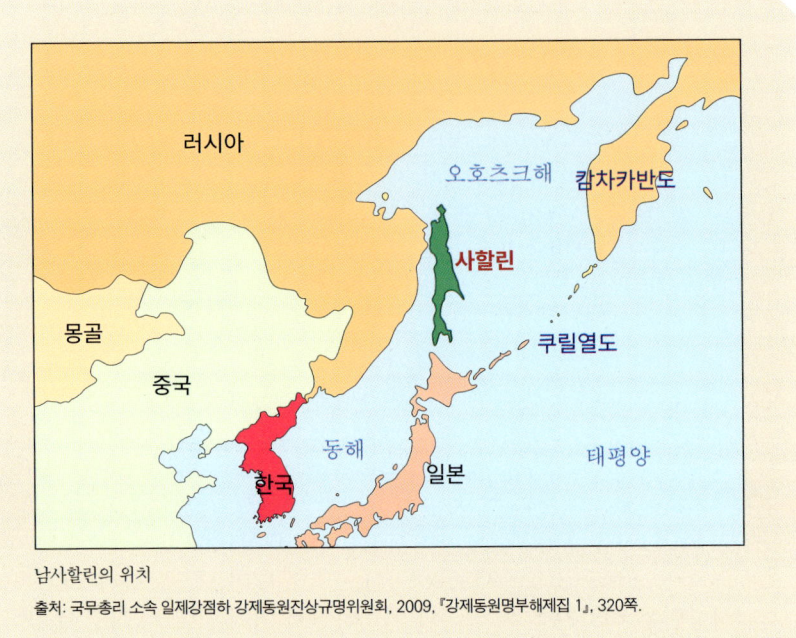

남사할린의 위치
출처: 국무총리 소속 일제강점하 강제동원진상규명위원회, 2009, 『강제동원명부해제집 1』, 320쪽.

면담자: 부산에 도착하셨을 때는 저녁이던가요?

구술자: 밤에 부산, 뭐시 여관에 가서 하룻저녁 자고 그 이튿날 연락선에 올랐지. 그래 일본 하관 가 내려가지고랑 전부 기차칸에서 잤지. 어, 거기서 자고 동경 가 가지고 하루 쉬었다 아이가. 하루 시고 그 이튿날은 이제 북해도 연락을, 북해도 연락(*연락선)한 뒤에는 북해도 가서도 뭐 기차칸에서 자고 기차에서 만날 어디 가고 …

면담자: 집에서 화태까지 얼마만큼 걸렸습니까?

구술자: 어, 1주일, 조금 더 걸렸어. 여드레 만인가? 아흐레 만인가.

이렇게 오랜 시간이 걸리는 이유는 수송 수단을 바로 연계할 수 없었기 때문이다. 1941년 경남 거창 출신의 한인이 부산항을 출발해 에스토루(현재의 삭쥬르스크)에 있는 탄광에 도착하는 경로를 살펴보자.

〈표 5〉 남사할린 가는 길

소요일	이동 내용	교통편	누적 거리	지역
첫째날	부산 출발(저녁 11시 30분)	선박(관부연락선 제8편)		조선
둘째날	시모노세키(下關) 도착(오전 7시 15분)		240km	일본
	시모노세키 출발(오전 8시 25분)	기차(급행 1026열차)		
	오사카(大阪) 도착(오후 6시 25분)		780.7km	
	오사카 출발(오후 8시 40분)	기차(보통 503호 열차)		
셋째날	아오모리(靑森) 도착(오후 11시 45분)		1836.3km	
넷째날	아오모리 출발(새벽 12시 30분)	선박(청함靑函연락선)		
	하코다테(函館) 도착(새벽 5시)		1996.3km	
	하코다테 출발(오후 1시 25분)	기차(급행 1열차)		
다섯째날	와카나이(稚內) 도착(오전 6시 42분)		2675km	
	와카나이 출발(오전 8시 50분)	선박(치박稚泊연락선)		
	오토마리(大泊) 도착(오후 4시 50분)		2885.8km	남사할린
	오토마리 출발(오후 6시)	기차(1열차)		
	오치아이(落合) 도착(오후 9시 19분)		2969.8km	
여섯째날	오치아이 출발(오전 6시 45분)	기차(51열차)		
	나이로(內路)도착 (오후 4시)		3197.7km	
	나이로 출발(오후 4시)	광업소 트럭		
	에스토루 도착(저녁 8시)		3277.7km	

남사할린에 강제동원된 한인은 3만 명이 넘는 것으로 알려져 있다. 이들이 주로 일했던 곳은 탄광과 제지공장, 삼림채벌장, 토목건축작업장이었고 수산업에 동원된 한인도 있었다.

조선총독부 자료를 통해 1939~1943년간 동원 인원을 직종별로 보면 석탄광산이 65.22%, 금속광산이 1.17%, 토목건축이 33.6% 등이었다. 탄광 동원이 많았음을 보여준다. 탄광업이 당시 사할린의 주요산업이었기 때문이었다. 다음으로 토목건축이 상당수를 차지했다. 이것은 당시 탄광

개발을 위한 기반시설 공사 등이 필요했기 때문이다. 공장으로 동원된 한인은 주로 제지공장에 동원되었다.

오지(王子)제지 삭죠르스크 공장(2005년 8월 6일 촬영)

일제강점기 오지제지 도요하라 공장 모습(현재의 유즈노사할린스크)

2015년 말 기준 위원회 조사보고서에 따르면, 남사할린 한인 노무동원 작업장은 77개소이다. 직종은 탄광(35개소), 토목건축공사장(비행장공사장 10개소, 철도공사장 1개소), 공장(8개소), 삼림채벌장이다. 삼림채벌장은 주로 제지공장 부속 작업장이다.

1940년대 사용했고, 2005년도에도 가동 중이었던 삭죠르스크 미쓰비시(三菱) 도로(塔路)탄광 선로 모습(2005년 8월 6일 촬영)

웅덩이만 남은 가네보 소속 탄광 갱구(삭죠르스크) (2005년 8월 6일 촬영)

9
어디로 갔을까 – 중서부 태평양

저 멀리 바다 건너에 천국의 섬이 있다고 했다. 일제 말 면서기 말로는, 멀기는 하지만 일 년 내내 겨울이 없는, 따뜻하고 농사도 지을 수 있고 마실 물도 많다고 했다. 사시사철 산해진미를 먹을 수 있고 일을 안 해도 배곯을 염려가 없는 낙원이라 했다. 그곳의 이름은 '남양군도'라고 했다.

'남양군도'는 일제강점기 중서부 태평양 지역 623개 섬의 이름이었다. 일본이 1914년 8월 제1차 세계대전에 참전해 차지한 구 독일령(마샬, 캐롤린, 마리아나 군도)이며, 주요 섬은 사이판(Saipan), 팔라우(Palau), 추크(Chuuk), 폰페이(Pohnpei), 콰절린(Kwajalein) 등이다.

1915년 일본 해군이 군정을 실시하다가 1920년 12월 17일 국제연맹 이사회가 일본을 수임국(受任國)으로 남양군도에 C식 위임통치조항을 결정하자 일본은 1922년 4월 1일 남양청(南洋廳)을 개설하고 통치하기 시작했다.

국제연맹은 위임통치지역을 인민의 발달 정도, 영토의 지리적 위치, 경제상태 등 형편에 따라 A식, B식, C식으로 나누어 수임국의 권리와 책임에 차등을 두었다. A식은 독립국으로서 가승인(假承認)을 받을 수 있을 만큼 발달한 지역(community)으로 구분했고, B식과 C식은 같은 범주로 묶었다. 이 가운데 C식은 통치지역을 수임국의 법률에 따라 통치하도록 해 식민지와 큰 구별이 없었다. 식민지와 차이가 있다면 통치지역에 군사기지를 설치할 수 없고 토착민에게 노예매매와 강제노동을 할 수 없도록 제약을 두었다는 점이다. 국제연맹은 '국제 평화유지에 관한 조항', '토인의 복지증진에 관한 조항', '국제연맹이사회에 대한 수속상의 조항' 등 3가지 조항을 두어 통치를 제한했다.

한인이 처음 간 것은 1917년이다. 전남 광주의 감옥 간수였던 기노시타(木下)가 니시무라(西村)척식(주)의 의뢰로 사탕수수농장 노동자를 모집했다. 그는 전국에 "남양 사이판, 로다, 데니안섬은 지상낙원으로 추움을 모르는 상하(常夏)의 섬, 별천지에서 사탕을 만드는 수수재배는 돈벌이도 좋고 먹는 것도 천하일품"이라는 광고지를 뿌렸다. 그러나 거짓이었다.

이 외에도 '남양군도'의 회사와 해군 당국이 과장 광고를 해가며 한인을 데려갔으나 천국의 섬에 실망한 한인들이 대부분 귀국하면서 남양군도에 남은 한인은 얼마 되지 않았다. 1922년에 149명이었는데, 1927년에도 여전히 148명에 머물렀다. 그러다가 1939년 2월부터 경남 거창, 남해, 경북, 전남북 출신 농민 500명을 강제동원하면서 한인 인구는 급증했다. 이들은 남양청의 요청을 받은 조선총독부가 나서서 팔라우로 보냈는데, 농장과 토목건축공사장에서 일했다.

조선총독부 당국은 가뭄 피해지역의 한인을 동원 지역으로 할당했다. 조선총독부가 작성한 자료 『남양농업이민관계철』에 따르면, 1939년 7월

13일자 문서「남양농업이민알선방법에 관한 건」에서 내무국장은 경북도지사에게 '경남북 지방의 한발(가뭄) 지역민을 대상으로 선정'을 요청했고, 1939년 9월 11일자 문서(남양이민알선 방법에 관한 건)에서도 전북과 경북 도지사에게 총독부 알선의 목적이 '한발 이재민 구제'임을 강조했다.

위원회 조사 결과에 따르면, 중서부 태평양지역의 한인 노무동원 작업장은 112개소(광산, 군공사장, 항만운수, 토목건축공사장, 공장, 농장)다.

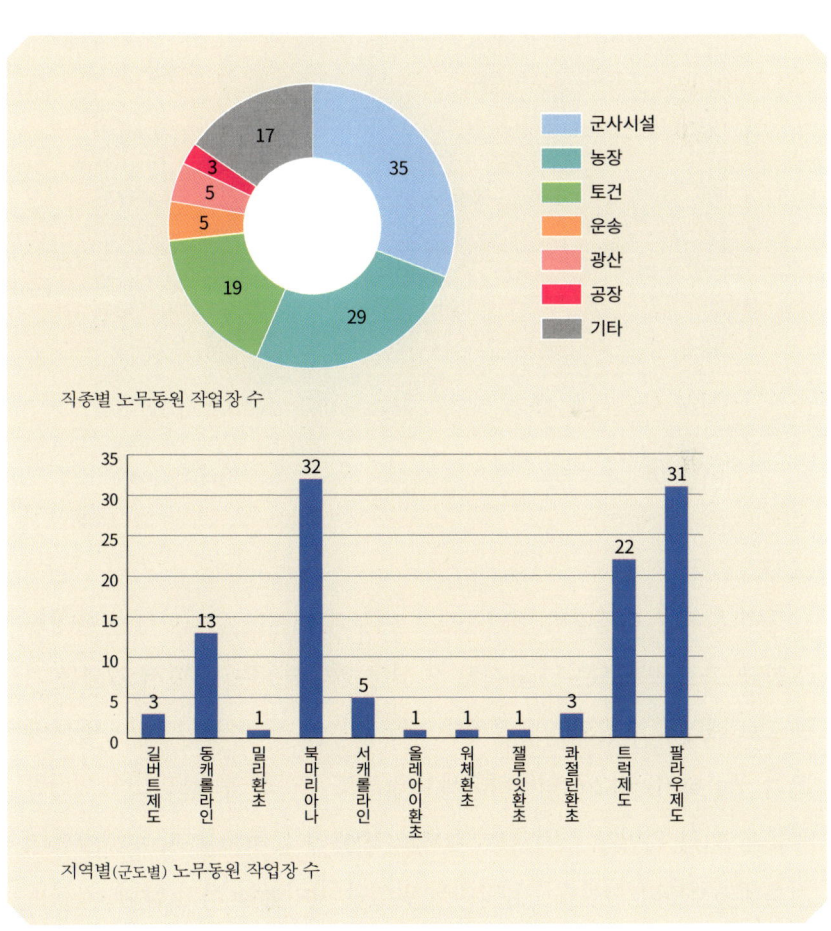

직종별 노무동원 작업장 수

지역별(군도별) 노무동원 작업장 수

직종별로 보면, 군사시설이 가장 많고, 다음이 농장이다. 농장은 초기에 한인을 동원한 곳이고, 군사시설은 전쟁 말기 농장의 폐쇄로 노동력을 이동한 곳이다. 토건은 군부대나 남양청이 직접 관리한 공사가 대다수였다. 공장은 제당소나 인광제련공장이다.

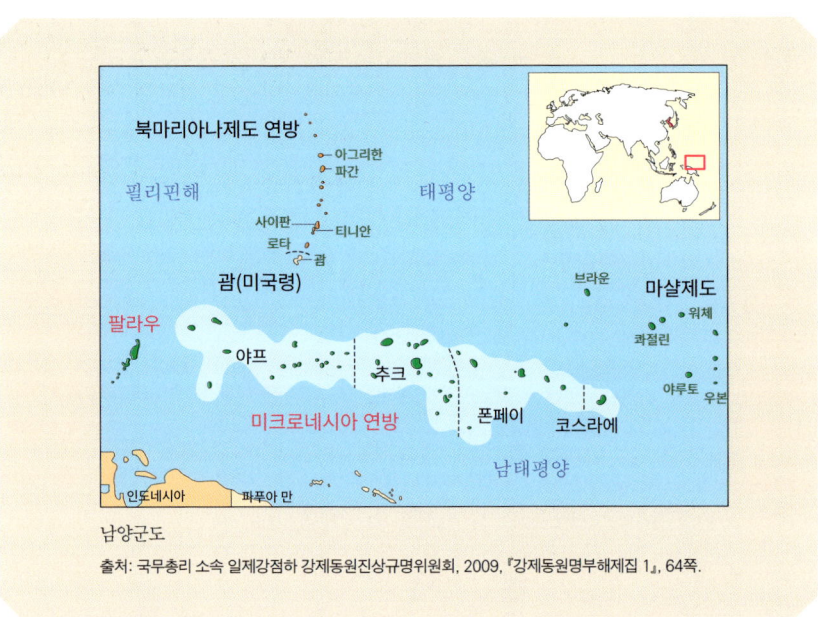

남양군도
출처: 국무총리 소속 일제강점하 강제동원진상규명위원회, 2009, 『강제동원명부해제집 1』, 64쪽.

특히 중서부 태평양의 집단농장은 여성과 어린이 동원이라는 특징을 보인다. 조선총독부는 일을 시킬 수 있는 한인의 나이를 먼저 12세를 기준으로 대인과 소인으로 구분했다. 대인과 소인을 12세 미만과 6세 미만으로 구분하거나 12세 미만과 4세 미만으로 구분한 문서도 있다. 이러한 구분은 어떤 의미가 있었을까. 실제로 1939년에 부모를 따라갔던 아이 가운데 6세부터 사탕수수농장에서 일했던 아이들이 적지 않다. 카사바

여섯 살 일꾼, 금복

금복은 1936년에 전북 김제에서 태어나 부모님과 여동생과 함께 남양군 도로 떠났다. 1939년이었다. 몇 월인지는 모른다. 고향을 떠나 일본에서 한두 달 머물렀다가 간 것만 기억난다.

금복은 여섯 살 때부터 농장에서 일했다. 난요흥발 회사가 운영하는 티니안 제당소 아기간(Aguiguan) 농장이었다. 어머니가 일하는 농장에 따라갔다가 농장 일을 하게 됐다. 농장에서 카사바도 심고, 심부름도 하고 옥수수도 타오고 그랬다. 하루에 꼬박 10시간씩 일했다. 회사 사람이 와서 매일 일한 시간과 양을 적어서 한 달에 한 번씩 회사 사무실 바로 옆에 있는 주재소에 보고했다.

금복은 농장에서 일하다가 배가 고파 사탕수수 좀 먹으려고 낫질하다가 실수로 오른쪽 손가락 두 개가 날아갈 뻔했다. 병원에 가지도 못하고 덜렁거리는 것을 간신히 붙여서 지금껏 살고 있다.

를 심거나 어른들이 베어 놓은 사탕수수를 묶어서 나르는 일을 했다.

어린이의 강제노동 일터는 집단농장에 그치지 않았다. 1941년 일본이 태평양전쟁을 일으킨 후 중서부 태평양이 전쟁의 한복판에 들어서자 당

티니안 산호세 소재 난요흥발㈜ 티니안사무소
(2007년 6월 촬영)

난요흥발 티니안사무소 인근의 경찰서 터
(2007년 6월 촬영)

니시하고이(西Hagoi) 농장 소속 한인이 닦은 하고이 비행장 활주로(2007년 6월 26일 촬영)

국은 많은 농장을 폐쇄하고 비행장과 군 시설공사에 인력을 투입했다. 1944년 초 미군의 공격에 직면하자 소녀들까지 비행장에 동원했다.

사이판과 티니안에 농장을 운영하던 난요(南洋)흥발은 1937년부터 해군의 요청으로 비행장이나 군대 시설공사에 회사 소속 노무자를 제공했다. 1944년 4월부터는 사이판 현지 주둔군과 체결한 야노(矢野)-오하라(小原) 협정에 따라 난요흥발 소속 한인을 군무원으로 전환했다.

노무자라는 이름으로 중서부 태평양에 동원한 한인은 몇 명일까. 일본 정부의 통계에서는 찾을 수 없다. 위원회 조사 결과와 미군이 작성한 승선자 명부를 분석해 보면, 약 1만 명으로 추산할 수 있다.

10
어디로 갔을까 – 중국과 만주

위원회 조사 결과에 따르면, 중국과 만주의 한인 노무동원 작업장은 315개소(탄광, 군공사장, 토목건축공사장, 농장)다. 이를 중국과 만주로 구분해 보면, 중국에 17개소, 만주에는 297개소, 나머지 1개소는 중국과 만주에 걸쳐 있었다.

중국으로의 한인 강제동원은 중일전쟁 후 전선의 고착과 깊은 관련이 있다. 1937년 7월 7일 밤, 중국 베이징(北京) 부근 루거우차오(蘆溝橋)에서 시작된 중일전쟁은 8월 15일 일본 내각이 전면 전쟁 개시를 선언함으로써 지구전이 되었다.

중국 전선은 남쪽의 하이난섬(海南島)에서 시작해 윈난성(雲南省), 푸젠성(福建省) 등 중국 16개 성에 걸쳐 있었다. 중국 서부지역을 제외한 대부분의 중국 본토가 중국 전선이었다. 일본군은 갑자기 넓어진 전선을 감당하기도, 중국 내륙까지 물자와 무기를 공급하기도 버거웠다. 중일전쟁 초기에

당시 중국 영토(연한 주황색)
출처: 국무총리 소속 일제강점하 강제동원진상규명위원회, 2009, 『강제동원명부해제집 1』, 82쪽.

는 한반도와 만주국에서 보급했으나 전선이 넓어지자 중국 현지에 노무동원 작업장을 가동했다.

중국 관내 노무동원 작업장은 중국인 노동력의 의존도가 높았고, 한인은 많지 않았다. 그런데 그 가운데 한인이 많은 지역이 있었다. 바로 하이난섬이었다. 위원회가 작성한 중국 관내 강제동원 작업장 목록을 보면, 17개소 중 10개소가 하이난섬에 있다.

17개소 가운데 10개소가 하이난섬이라니, 왜 이렇게 하이난섬의 비중이 높을까. 하이난섬의 지정학적 위치 때문이었다. 하이난섬은 중국 광둥성(廣東省) 남쪽에 위치한 중국에서 가장 큰 섬이다. 면적은 제주도의 18배가 넘는다. 일본이 태평양을 통제하고 동남아시아를 포섭하는 군사기지

이자 광산, 해양, 삼림 등 자원이 풍부해 철광석과 목재를 확보하는 원료 보급기지로서 중요한 지역이었다.

일본군은 1939년 2월 하이난섬 점령 후 1940년 4월 해남경비사령부를 발족해 '명실상부한 남진(南進)의 중요 중계기지'로 삼았다. 해군 해남경비부는 하이난 최고의 식민통치기구로서 시설부, 특무부, 군수부, 육전대, 특공대 등을 두었다.

일본 당국은 전쟁물자 조달을 위해 일본 및 타이완의 기업들을 전쟁경제이윤이라는 점을 내세워 유치하고 해남경비사령부의 비호 아래 개발에 나섰다. 해군과 결탁한 이시하라(石原)산업, 일본질소비료, 미쓰비시광업, 아사노(淺野)시멘트 등 일본 주요 기업은 하이난섬의 자원을 약탈하면서 수송을 위한 인프라도 구축했다. 일본군은 1939년 점령 후 광산·철도·항구·발전소 건설에 현지민을 충당했으나 한계가 있어 1941년 9월부터 타지에서 인력을 동원했다. 동원 인원은 한인을 포함해 최대 4만5천6백 명이었다.

그런데 이곳에 동원된 한인은 형무소 수형자들이었다. 왜 수형자들을 동원했을까. 1943년 3월 일본 각의결정 첨부 문서(조선총독부 수형자 해남도 출역 실시요강)에 따르면, 하이난섬의 인력 부족과 조선의 형무소 수용 여력 부족 때문이었다.

일본은 1943년 3월 각의결정(조선총독부 수형자 하이난섬 진출에 따른 감독 직원 증원에 관한 건)에 따라 경성과 평양 형무소 등 수감자 2천 명을 남방파견조선보국대라는 이름으로 동원했다. 남방파견조선보국대 제7중대장이자 조선보국대 본부 서무주임이었던 기누가사(衣笠—) 간수장은 회고록(해남도 파견 조선보국대 시말기)에 '일본인 200여 명을 포함한 2,200명이 출발'했다고 적었다. 한인 2,000명은 당시 조선 수감자의 10%에 해당하는 규모였다. 이들은 1943년 3월 30일부터 총 8차에 걸쳐 하이난섬으로 출발했다.

이들은 수형자였으므로 동원 과정도 일반인과 달랐다. 형기가 1년 6개월 이상 3년 미만 남아 있는 수형자로서 20세 이상 40세 미만의 신체가 강건한 사람을 동원했다. 당국은 선발한 대원을 지정한 각 주관 형무소로 이송해 별도로 훈련을 시켰다. 수형자들은 '눈이 팽팽 돌아갈 정도'로 심한 군대식 훈련을 1주일 동안 받았다.

고복남의 구술에 따르면, '6개월간 일을 하면, 가출옥을 시켜주고, 밥도 하루에 6홉씩 양껏 먹도록 해준다'고 약속했다. 조선총독부의 책임자가 여러 차례 공식적인 자리에서 한 약속이었다. 그래서 철석같이 믿었으나 현지에 도착하자 약속은 사라지고, 현지 중국인들까지 경악할 정도의 참혹한 중노동과 폭행이 기다리고 있었다. 이들 중 5%(112명)만이 가출옥으로 귀국했고, 광복을 맞아 고향으로 돌아온 이는 600명에 불과했다. 천여 명 정도는 고향으로 돌아오지 못했다. 이들은 어떻게 되었을까. 현지 중국인들의 구술에 따르면, 노역 중에 폭행으로 죽은 경우가 많다고 한다. 또 폭행과 영양실조, 전염병, 풍토병으로 사망한 것으로 보인다.

일제강점기에 만주국은 법적으로는 독립국이었다. 그러나 1931년 만주사변이라는 침략전쟁을 일으킨 일본 관동군이 1932년에 세운 괴뢰국이었다. 만주국 황제는 청나라의 마지막 황제인 선통제가 강덕황제(康德皇帝)라는 이름으로 존재했으나 실권 없는 허수아비였다. 실제로 만주국의 통치자는 일본 관동군이었다.

중일전쟁 후 만주국은 한반도와 마찬가지로 중국 전선에 물자를 보급하고 있었으므로 한인의 노동력이 필요했다. 위원회 활동결과보고서에

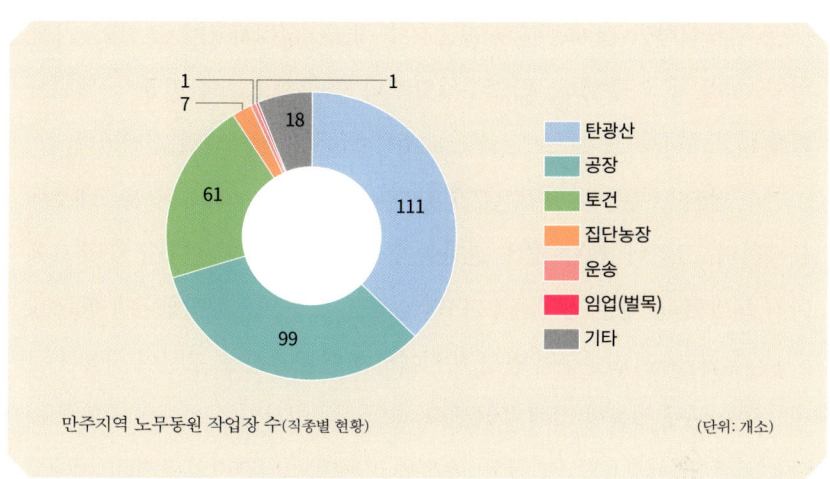

만주지역 노무동원 작업장 수(직종별 현황)   (단위: 개소)

따르면 만주지역 한인 노무동원 작업장은 298개소에 이른다. 직종별 현황을 보면 탄광산이 가장 많고, 다음은 공장과 토목건축공사장이다.

탄광산은 구리, 금, 마그네사이트, 석탄, 아연, 철광, 유황 등 다양한 광물을 채굴했다. 펑톈성(奉天省) 푸순시(撫順市)에 있었던 푸순탄광은 1900년대 초부터 채광을 해 역사도 오래되었지만, 갱내굴과 노천굴을 합해 총 17개 갱과 3개 발전소, 전기철도, 타르증류·유황·석탄액화·제철·가스·제유공장 등을 구비한 대규모 단지였다.

토목건축공사장은 비행장 등 군 시설 공사장과 48개소의 철도공사장이 있었다. 특히 일본은 중국 동북지방이 소련과 접경지역이라는 점을 들어 경계를 심하게 했다. 일본군은 1934년부터 소련을 대상으로 한 군사작전을 대비해서 둥닝(東寧)을 비롯해 총 13개 지역에 국경 진지구축을 했다. 이 가운데 오가자(五加子)와 훈춘(琿春) 지역 군사 시설지 공사에 한인을 동원했다.

만주국의 한인 강제동원 작업장 가운데 공장은 비행기, 조선소, 기계, 방직, 제지 등 다양했다. 남만주철도㈜나 만주철도㈜와 같은 국책회사 외에 미쓰비시와 스미토모, 쇼와(昭和)제강소 등 일본 대기업도 있었다.

만주 한인 노무동원 작업장 7개 직종 가운데 집단농장(개척민)은 7개소에 불과하다. 그러나 가장 많은 한인을 동원한 곳이었다. 관동군의 필요에 따라 시작했다. 일본 당국은 1933년 길림성 경무청이 실시한 3개 현(옌지延吉, 화룡和龍, 혼춘琿春) 집단부락 운영 과정에서 한인들이 춥고 토질이 척박한 곳에서 쌀농사에 성공한 것에 주목했다. 한인들이 미간지를 개간해 수확한 식량을 관동군이 사용할 수 있고, 마을을 이루면 항일세력의 습격을 저지할 수 있다고 생각했다. 한인들은 집단농장에 높은 토성을 쌓고 망루에서 보초를 섰으며, 일정한 시간에 무장한 청년들의 호위를 받으며 논에 나갔다.

집단농장의 개척민 동원은 당국의 계획과 통제 아래 이루어졌다. 정책은 관동군과 일본의 척무성, 조선총독부, 만주국의 합작품이었다. 만주 집단이민 업무를 담당한 만주의 최고결정기관이자 감독기관은 관동군사령부 내에 관동군참모장을 대표로 설치한 이민사무처리위원회(1937)였다. 만주 집단이민 업무를 담당한 조선총독부 부서는 이민위원회(1939.2.22. 설치)·외사부 척무과(1939.8.3.)·만주개척민지원자훈련소(1940.4.10.)·사정국 척무과(1941.11.19.) 및 외무과(1942.12.1.)·농상국 농무과(1943.12.1.)·농상국 농상과(1944.11.20.) 등 다양했다.

그렇다면 중국 관내와 만주국에 동원된 한인은 얼마나 될까. 일본 정부의 통계에서 중국과 만주국에 동원된 한인 통계는 찾을 수 없다. 확인한 통계는 하이난섬의 2,000명 외에 위원회가 추정한 만주국 집단농장 동원 한인 3,658호 정도이다.

연길 동성용(東盛涌) 비행장 활주로 자리. 현재 벽돌공장으로 사용 중(2006년 7월 촬영)

'제1 벽돌공장' 반대편에서 바라본 동성용비행장 활주로(2006년 7월 촬영)

한인이 집단농장에 쌓았던 토성(도문시圖們市 정암촌亭岩村, 2006년 7월 촬영)

도문시 정암촌 바위산에 일본군 초소가 있던 곳(2006년 7월 촬영)

11
탄광과 광산으로 간 한인

'징용'이라고 하면, 탄광이나 광산을 떠올릴 정도로 한인이 동원된 직종 가운데 대표 직종은 탄광과 광산이다. 탄광과 광산은 한인이 동원된 모든 지역에 다 있다.

강제동원 지역별로 한인을 동원했던 탄광산 현황을 살펴보면 한반도가 가장 많다. 한반도에는 석탄을 비롯해 명반석. 텅스텐, 아연, 니켈, 마그네사이트, 모나자이트 등 다양한 광산이 있었다. 일본에서 산출한 광물은 석탄, 철광, 구리 중심이었고 이 가운데 석탄이 가장 많았다. 중서부 태평양의 광산에서는 인광석(燐鑛石, phosphate rock)을 채굴했다.

당시 일본이 전쟁을 수행하는 데 탄광과 광산에서 캐낸 광물은 매우 중요했다. 석탄은 동력의 에너지로 사용하는 것 외에 코크스(cokes)는 철광석을 제련해 철을 얻을 때 철광석을 녹이는 데 필요했다. 철광석이 비행기와 선박, 총포탄 등 각종 무기를 만드는 데 필수 광물이라면, 명반

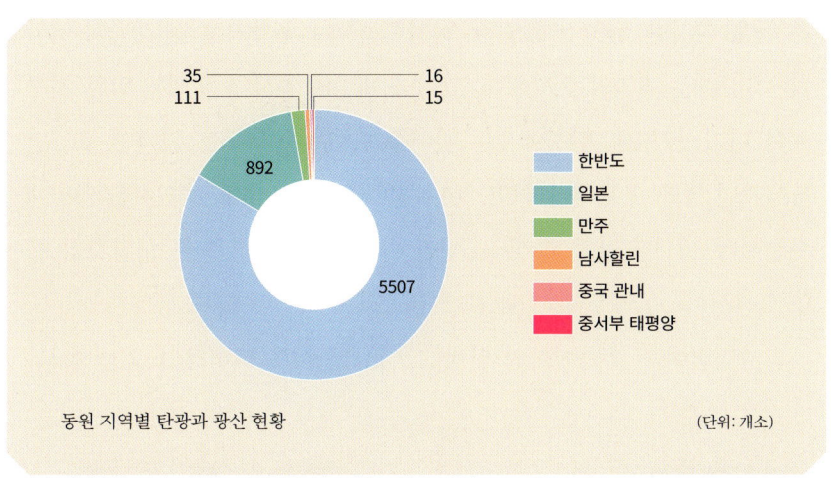

동원 지역별 탄광과 광산 현황 (단위: 개소)

석은 알루미늄을 만드는 데 필수 광물이다. 알루미늄은 비행기·자동차의 몸체, 엔진 부품, 특수기계의 재료 등으로 사용했으므로 군수물자로서 희소성을 가진 광물이다. 인광석, 텅스텐, 아연, 니켈, 마그네사이트, 모나자이트 등도 군수품과 특수기계의 원료였다. 인광석은 인회석(apatite)을 함유하는 암석인데, 비료 원료를 비롯해 인산·의약품·반도체·세라믹·실크·섬유·방충제·폭약 제조, 설탕 정련 등 용도가 다양하고, 군수물자 생산에 필수적인 광물이다.

2019년에 출간한 『반일종족주의』에서, 저자 가운데 한 사람은 탄광과 광산에 대해 이렇게 표현했다. "1930년대가 되면 일본 탄광 대부분의 갱도는 사람 키를 훨씬 넘는 높이와 5미터 이상의 폭을 유지하는 것이 일반적이었다", "기계화를 통해 1939년 이후 조선인이 배치되었던 대규모 탄광에서는 기계식 컨베이어 벨트를 널리 사용했다."

이 주장은 사실일까. 실제로 강제동원 지역의 탄광과 광산의 갱내에 들어가 보면, 사실이 아님을 알 수 있다. '사람 키를 훨씬 넘는 높이와 넓은 폭을 유지한' 탄광은 있었다. 남사할린이나 홋카이도 등 채탄의 역사가 길지 않은 지역의 탄광이다. 그러나 채탄의 역사가 오래된 일본 지쿠호와 나가사키(長崎) 탄전에서는 찾아볼 수 없다. 입구는 넓지만 조금만 들어가면 등을 구부려야 하고, 눕다시피 해서 탄을 캐야 하는 탄광이 대부분이다. 이러한 갱은 수갱(竪坑)이나 사갱(斜坑)이라고 한다. 군함도라 불리던 하시마(端島)의 탄광이 대표적이다.

남사할린이나 홋카이도의 탄광, 그리고 중서부 태평양의 광산에서는

탄부가 밀차를 미는 모습
출처: 규슈대학 부속도서관 부설 기록자료관 설립기념 전시회 「기억과 기록」 도록, 2006.

쪼그리고 앉아 채탄하는 모습
출처: 「기억과 기록」 도록.

중서부 태평양 팔라우 앙가우르섬의 난요척식㈜ 소속 앙가우르광업소 정광공장(2007년 6월 22일 촬영)

남사할린 미쓰비시탄광에서 사용하던 컨베이어 벨트(2005년 8월 6일 촬영)

'기계식 컨베이어'를 사용했다. 그러나 그 외 지역에서는 기계식 컨베이어 시스템을 가동하지 않았고, 할 수 없었다. 설비에 드는 비용이나 전기 문제 등 여러 가지 이유 때문이었다.

12
탄광과 광산 – 한인의 경험 세계

그렇다면 탄광과 광산에서 한인은 무슨 일을 했을까. 탄광과 광산은 지하자원을 채굴한다는 점에서는 같은 일이지만 갱의 형태나 채굴 과정을 보면, 차이점도 있다.

갱의 형태를 보면 노천과 갱내(지하, 해저)가 있다. 노천과 갱내 가운데 어느 곳이 더 힘들까. 노천이 훨씬 힘들다. 눈비와 뙤약볕에 노출된 채 일해야 하고, 산 계곡에서 미끄러지거나 굴러떨어지기 쉬워 위험하기 때문이다.

탄광 일의 과정을 보면, 동발 세우기 → 굴진(掘進) → 탄맥 찾기 → 발파하기 → 채탄하기 → 밀차에 실어서 갱 밖으로 보내기 → 갱 밖에서 석탄과 찌꺼기를 구분하는 선탄(選炭) 등이다. 이 과정에서 한인이 주로 하는 일은 갱목(坑木)이라고도 하는 동발 세우기와 채탄하기, 밀차에 실어서 갱 밖으로 보내기 등이다. 기술 없이 할 수 있지만 힘든 육체노동이다.

탄광 일 가운데에는 채탄과 캔 석탄을 갱 밖으로 내보내는 일이 가장 힘들다. 채탄부가 하는 일은 직접 석탄을 캐는 일인데, 탄광에서 하는 일 가운데 가장 위험하고 체력을 소모하는 일이었다. 특히 자동 시설이 갖추어진 탄광에서는 권양기를 이용해 밀차를 갱 밖으로 내보내지만, 그렇지 못한 곳은 도르래를 이용해 끌어 올린다. 이 과정에서 사고가 일어날 수 있다. 밀차가 궤도를 이탈하거나 끌어 올리는 사람의 힘이 딸려 밀차가 거꾸로 곤두박질치는 사고가 일어났다. 그 외 가스질식사고나 갱내 낙반사고도 한인의 목숨을 앗아간 사고들이다.

광산 일은 노천이든 갱내든 마찬가지다. 광산에서 채광 과정은 채굴 → 선광 → 제련 → 정련 등 4단계다. 선광이나 정광, 제련은 모두 전문적인 기술이 필요한 작업이다. 발파도 전문적인 일이다. 그러나 채광은 간단한 실습만으로도 충분히 할 수 있다. 그러므로 강제동원된 한인들은 대부분 채광이나 운반 작업을 담당했다.

한인은 한반도와 일본, 남사할린, 중서부 태평양, 중국 관내와 만주 등지의 총 6,556개소에 달하는 탄광과 광산에서 노역에 시달렸다. 얼마나 많은 이들이 탄광과 광산에서 일했을까. 자료가 다양하지 않아 일부 시기와 대상만을 확인할 수 있다. 직종별 비율을 살펴보면, 1944년 일본의 탄광과 광산이 54.7%로 가장 높다. 남사할린의 1939~1943년간 직종별에서 석탄광산은 65.22%, 금속광산은 1.17%이었다.

이렇게 압도적 다수의 한인을 동원한 탄광과 광산은 노동실태가 가장 열악한 곳이었다. 탄광과 광산이 열악하다는 점은 일본 정부 당국자도 인정했다. 1944년 1월 18일 일본 군수성은 제1차 군수회사를 지정했는데, 탄광을 포함하지 않았다. 탄광을 제외했다가 석 달이 지난 1944년

4월에서야 군수회사로 지정했다. 이유는 무엇일까.

1월 29일에 열린 제국의회 답변에서 알 수 있다. '탄광에 대한 현원징용 실시를 고려하지 않느냐'는 질문에 대한 정부 측의 답변은 '시기상조'였다. 기시 노부스케(岸信介, 아베 전 일본 총리대신의 외할아버지) 국무대신은 '탄광의 노무관리가 여전히 개선의 여지가 많기 때문'이라고 했다. '탄광 작업은 생명의 위험이 큰데 그곳에 징용자를 투입하면 민심에 악영향을 미칠 것'을 우려한 조치였다는 입장이었다. 탄광은 바로 일본 당국이 징용자를 투입하기 꺼릴 정도의 현장이었던 것이다.

일본의 탄광과 광산 개발 역사를 보면 죄수(수인)노동에서 출발했다. 1872년 일본에서 가장 먼저 채탄을 시작한 미쓰이미이케(三井三池) 탄광이 대표적인 곳이었다. 1883년부터 탄광 측은 현장에 집치감(集治監)이라는 감옥을 설치하고 탈주를 방지하기 위해 죄수들의 발에 족쇄를 채우고 옷을 벗긴 채 투입했다. 미이케 탄광에서 시작한 죄수노동은 인근 다른 탄광에 널리 퍼졌다. 그 후 죄수만으로는 부족해 일반 노동자로 전환했으

석탄·역사박물관의 미이케 탄광 수인노동 전시물 (2020년 2월 촬영)

현재 남은 집치감(集治監, 감옥)의 벽 (2020년 2월 촬영)

나 탄부에 대한 인식과 대우는 달라지지 않았다. 죄수 대신 투입한 탄부는 한인이나 일본 최하층민이었다. 미야우라(宮浦)갱 자리에 세운 석탄기념공원의 석탄·역사박물관에는 '수인 노동'이라는 주제의 전시공간이 마련되어 있고, 오무타시에는 집치감의 흔적이 남아 있다.

이같이 죄수노동에서 출발한 일본 탄광과 광산은 오랫동안 나야(納屋)·함바(飯場)제도라는 열악한 노무관리의 역사를 기록했다. 이 제도는 노무계의 지시를 받던 나야가시라(納屋頭 또는 함바가시라飯場頭)가 탄광부의 모집과 생활 관리, 채굴 및 채탄 등의 작업 청부, 임금의 일괄 관리를 담당하는 이중 청부제도이자 착취 구조였다.

나야가시라는 임금착취, 장시간 노동, 열악한 식사 등 횡포를 부렸고 나야가시라가 거느리던 행동대원 겸 회계였던 히도쿠리(人繰り)는 탄광부들에게 폭력을 휘두르며 일을 시켰다. 이같이 폭력적이고 비인간적인 노무관리 제도를 운영한 경험을 가진 일본의 탄광과 광산에서 전시체제기에 한인의 비중이 늘어나면서 비인간적 취급을 당하는 한인의 수도 늘어났다.

미쓰비시광업㈜도 광산에서 일했던 광부들의 민족별 현황을 보면, 일본인은 주로 선광장이나 기계공장에서 제련하거나 기계를 작동하는 일을 했다. 이에 반해 한인은 착암부와 지주부, 운반부 등이 많았다. 착암부는 굴을 파는 일을, 운반부는 광석을 나르는 일을, 지주부는 기둥을 세우는 일을 했다.

탄광에서도 한인이 맡은 일은 굴진이나 채탄, 그리고 밀차에 담는 일, 밀차를 이용해 석탄을 갱 밖으로 내보내는 일이었다. 이에 비해 일본인은 갱 안이라 해도 주로 사키야마(先山)라 해서 탄맥을 찾는 일이나 화약 발파 등 기술이 필요한 일을 했다.

〈표 6〉 민족별 직종 현황(1943년 6월 기준)   (단위 : 명/%)

광산 내 업무	일본인	한인	합계(명)
착암부(鑿巖夫)	27(18.0)	123(82.0)	150
지주부(支柱夫)	39(41.1)	56(58.9)	95
운반부	80(21.4)	294(78.6)	374
내 운전부	19(70.4)	8(29.6)	27
외 운반부	17(25.8)	49(74.2)	66
공작부	23(88.5)	3(11.5)	26
정지부(整地夫)	46(68.7)	21(31.3)	67
제광부(製鑛夫)	85(81.7)	19(18.3)	104
잡부	52(82.5)	11(17.5)	63
기타(선광장 근무자로 추정)	321(100)	0	321
합계	709(54.8)	584(45.2)	1,293

출처: 佐渡鑛業所, 1983, 「半島勞務管理ニ就テ」(1943년 6월), 『在日朝鮮人史硏究』 12, 93쪽.

사가현(佐賀縣)에 있는 니시키(西杵) 탄광은 메이지(明治) 광업(㈜)이라는 대기업이 운영했다. 회사 자료를 보면, 1943년에 강제동원한 한인 833명 가운데 70%(578명)가 갱 안에서 일했다. 탄을 캐는 채탄부와 굴을 파고 기둥을 세우는 지주부가 가장 많았다.

이같이 탄광이든 광산이든 한인의 몫은 모두 힘으로 하는 일이면서 위험한 일이었다. 그러나 안전교육이나 안전시설은 기대하기 어려웠다.

누군가의 폭력에 의한 사망자도 있었다. 회사 측은 폭력에 의한 사망을 주로 '변사(變死)'로 처리했다. 홋카이도 탄광(㈜)이 작성한 『쟁의관계(爭議關係)』라는 자료철에는 「이입반도인에 대한 상해치사사건 발생에 관한 건」(1944년 5월 24일 작성)이라는 문서가 있다. 내용을 보면 '암성재상'이라는 창씨명을 가진 청년 이재상과 동료 등 모두 세 명이 탄광을 탈출하다가 붙잡혀 1명은 매 맞아 죽고 다른 1명은 탈출했다. 탈출의 대가는 바로 폭력에 의한 죽음이었다.

암성재상(岩城在祥. 1922년생, 경남 양산군 출신)

1943년 9월 20일 홋카이도탄광㈜ 헤이와(平和)탄광 소속 마야치(真谷) 지갱(地坑)에 동원.

마야치 제1협화료(協和寮. 료=합숙소)에 수용되어 있다가, 1944년 5월 17일 오전 2시경 도주하던 중 적발되어 목재로 앞이마를 얻어맞아 유바리(夕張)탄광의 광산병원으로 후송했으나 오후 9시 30분 사망.

함께 도주한 금본선덕(金本仙德. 김선덕)은 붙잡히고 암성혜호(岩城恵鎬. 이혜호)는 격투를 벌이는 사이에 도망.

회사 측은 암성재상의 죽음을 '절대로 비밀에 부치고 공표(公表)하지 말 것'으로 하고, 김선덕이 진상을 폭로할 우려가 있으므로 경찰서에 유치한 뒤 기회를 보아 북방(北方)으로 연행하기로 함.

이재상의 고향에는 도주 중 산속에서 부상당해 치료 중에 심장마비를 일으켜 사망한 것으로 통보하기로 하고, 만약 경찰에 조회요청이 있을 시에는 같은 내용으로 보조를 맞추도록 연락을 취함.

13
내가 바로 어린이 탄광부

1943년 10월, 후쿠오카현 야마다(山田) 탄광으로 동원된 여주 출신 한인들이 탄광에 도착해 찍은 단체 사진이 있다. 사진 맨 앞에는 아이들이 있다. 헐렁한 국민복 속에 앳되고 조막만한 얼굴을 한 아이들은 단체 사진 맨 앞줄에 앉아 있다.

위원회가 조사한 자료를 보면, 탄광에서 사망한 열한 살 소년도 있었다. 열한 살은 초등학교 4학년 나이다. 더구나 75년 전 열한 살은 지금보다 훨씬 덩치가 작았다. 탄광부는 얼마나 체력소모가 많은 직종인가. 장정들에게도 버거운 일인데도 당국은 열한 살 소년을 탄부로 부렸다.

상식을 가진 사람이라면 안타까워했을 일이다. 그러나 모든 이들이 상식적이진 않다. 2017년 2월 8일 일본 우익 매체 『산케이신문』 1면 머리기사는 "소년 광부는 존재하지 않았다"였다. 이 주장은 『산케이신문』만이 아니었다. 『반일종족주의』 공동 저자가 여전히 하는 주장이다.

이러한 부정에도 불구하고 소년 광부는 있었다. 생존자도 있고, 수기도 남아 있다. 국내와 일본에서 번역 출간된 생존자의 수기가 있다. 수기(『사지를 넘어 귀향까지』, 소명출판사, 2016)의 저자(이상업)는 열다섯 살부터 후쿠오카현 미쓰비시광업 소속 가미야마다(上山田) 탄광에서 채탄작업을 했다. 그는 소년징용부대원 50명 가운데 한 사람이었다. 소년징용부대원들이 겪은 일은 더할 나위 없이 비참하고 지독했다.

무안에서 온 소년은 철판을 가져오라는 사키야마의 말을 알아듣지 못했다고 곡괭이 자루로 두들겨 맞다가 사망했다. 이 사키야마는 영암에서 온 소년의 명치끝을 차서 즉사시킨 적도 있었다. 그러나 이들의 주검을 보며 소년들은 '지옥 같은 노동과 굶주림과 구타에서 비로소 해방되었다'며 차라리 부러워했다. 회사 측은 매질에 목숨을 잃은 소년들을 모두 '병사(病死)'로 처리했고, 가해자인 사키야마의 매질은 조선이 해방될 때까지 그치지 않았다.

소년 광부는 있었다. 하시마에도, 남사할린에도, 조선에도, 일본에도 있었다. 소년만이 아니라 소녀도 있었다. 갱 밖에서 탄을 고르는 선탄부도 있었고 갱 안에서 탄을 캐는 채탄부도 있었다. 모두 위원회가 판정한 피해자들이다. 그리고 일본 정부가 아이들을 탄광부로 만들기 위해 만든 법과 제도가 있었다.

1938년 5월 12일 제정 공포한 광부노무부조규칙이다. 일본은 1938년 4월 국가총동원법을 공포하자마자 '14세 이상 남자'가 갱에 들어가도록 법을 만들었다. 규정은 14세 이상이었으나 실제로는 더 어린아이를 동원했다. 소녀도 있었다. 그러나 명부나 문서에서 어린이 탄광부들은 찾을 수 없다. 당시를 경험했던 당사자와 가족의 신고내용이 있을 뿐이다.

열네 살 소년 광부

　1930년 7월 충남 부여군 홍산면에서 태어난 태순은 1944년 가을, 홋카이도 미쓰비시광업 소속 신시모카와(新下川) 광산으로 끌려갔다. 열네 살 때였다. 태순이 일본에 가게 된 것은 형님 몫의 징용장 때문이었다. 형님은 지시마(千島)에 가서 비행장 닦는 일을 하고 왔는데, 돌아온 지 6개월 만에 다시 동원명령을 받자 어디론가 숨어 버렸다. 형님이 사라지자 면 직원은 형님 대신 태순에게 가라고 했다.

　면 직원은 일행을 데리고 부여군청으로 갔고, 군청 직원은 여러 면에서 모인 사람들을 인솔해 논산으로 갔다. 다들 신발도 없는 맨발이었다. 인솔자는 논산에서 태순 일행을 줄 세우더니 짚신을 스무 개 들고 와서 한 켤레씩 나누어주었다. 짚신을 신고 계룡여관에 들어가니 누군가가 면 직원에게 "어디서 이렇게 꼬맹이들을 데려왔냐!"고 했다. 인솔자들은 군청 직원도 있고, 일본회사 사람도 있었다. 일본인도 한인도 있었는데, 엄청나게 많았다.

　깜깜한 밤에 부관연락선 지하선실에 실려 부산을 출발해 시모노세키에 도착한 후 몇 날 며칠 걸려 기차를 타고 북으로 올라가 일본 본토 최북단인 아오모리(青森)에 내려 잠시 쉰 후 다시 배를 타고 5시간 정도 걸려 홋카이도 하코다테(函館)에 도착했다. 밤이었다. 그 밤에 기차를 타고 삿포로(札幌)와 아사히카와(旭川)를 지나 계속 내륙 깊숙한 곳으로 들어갔다. 나요로(名寄)에 도착해 다시 기차를 갈아타고 두 번째 정거장인 시모카와(下川)역에 내려 광산에 들어갔다. 참 긴 여정이었다.

　광산은 매우 컸다. 태순은 처음에 갱내에 배치되었다가 3일 만에 선광장으로 옮겨졌다. 나이가 어리다보니 갱 속에서 광석 파는 일을 제대로 하지 못한 것이다. 선광장은 광산 너머 큰 고개에 있었다. 손으로 광석을 골라낸 후 각각 다른 밀차에 담아 삭도(索道)에 싣고 운반했다. 선광장에서 2교대로 일했다. 작업복을 입고 머리에 미쓰비시 마크가 달린 모자를 쓰고 일했다. 광산일 교육은 받은 적 없지만 군사 훈련은 받았다. 1주일 정도 총검술도 하고 '우향우, 좌향좌!'도 했다. 쉬는 날 외출 허가를 얻어 시내에 나가 사진을 찍은 적이 있었다. 광산에 온 지 한 해가 지났건만 사진 속의 모습은 여전히 완연한 어린애였다.

그렇게 1년 반이 지난 어느 여름날, 조국은 광복을 맞았건만 광산의 한인들은 전혀 모르고 한 달 넘게 일을 했다. 일본인 관리자나 동료들이 알려주지 않았기 때문이다. 그렇게 한 달이 지난 어느 날 외출 나갔다 온 한인이 이미 일본이 항복했다고 알려주었다. 해방된 것을 알고 나서는 배를 기다리는데 일본에서 조선으로 가던 배가 파손되었다는 소문이 들렸다. 소문만 아니라 실제로 배를 구할 수 없었다. 그러다가 추운 12월에 간신히 고향길에 나섰다. 각자 약간의 돈과 일본 군복, 내복 한 벌, 모포 2장, 그리고 주먹밥을 다섯 개씩 받아서 기차를 타고 하코다테로 갔다. 미군의 지시로 주는 거라고 했다.
　고향에 갈 때는 오던 길을 되돌아가지 않고 하코다테에서 배를 타고 곧바로 동해로 해서 조선으로 갔다. 그 배는 여객선이 아니고 탄을 실어 나르는 화물선이었다. 어렵게 출항했으나 사람을 너무 많이 실어 화물이 무너지면서 사람이 죽는 사고가 일어났다. 배는 다시 하코다테로 들어갔다가 이틀 후에 출항했다. 이미 얼어 버린 주먹밥을 먹으며 동해에 내려 부산역을 거쳐 고향으로 돌아왔다. 돌아왔을 때, 소년은 열여섯 살, 여전히 앳된 모습이었다.

역 앞에서 납치당해 화태로 간 소년

　용암은 1928년 5월 강원도 고성군 장전읍에서 태어났다. 부친을 도우며 중학교 입시준비를 하고 있었다. 1943년 11월, 어부인 아버지 심부름으로 속초에 밧줄과 어망 등을 사러 갔다. 속초역 앞을 지나는데, 모여 있던 경찰 중 한 사람이 불러 세웠다. 경찰은 몇 살이냐고 묻더니 열다섯 살이라고 하자 소년을 위아래로 훑어보더니 잠깐 따라오라고 했다. 어린 나이에 경찰이 가자는데, 내뺄 도리가 없었다. 소년이 따라간 곳은 여관이었다. 소년을 데려간 경찰은 방에 집어넣었다. 아버지가 기다리시니 물건을 사서 집에 가야 한다고 사정하자 엉덩이를 차며 방에 집어넣었다.
　방에는 20대 초반이나 30대 정도의 어른들이 예닐곱 명 정도 있었다. 이들은 소년에게 "너도 걸렸구나!" 했다. 납치당했다는 의미였다. 그렇게 여관방에 갇혀 시간을 보낸 후 다음날 오후 일행 모두 속초역에 가서 다른 사람들과 합류했다. 오십 명은 되었다. 기차 앞에서 소년은 아버지에게 가야 한다며 안 타려고 버텼다. 그랬더니 어느새 경찰이 와서 배를 차고 몽둥이질을 했다. 흠씬 두들겨 맞은 후 기차에 실려 부산으로 갔다.

일행은 새로운 인솔자에 이끌려 연락선을 타고 바다를 건넜다. 시모노세키에 도착해 기차를 타고, 하루 낮밤을 걸려 아오모리까지 가서 다시 배를 타고 홋카이도에 도착했다. 삿포로에서 여관에 집어넣고 하룻밤을 재운 후 배를 타고 다른 항구로 갔다. 바다를 세 번이나 건너 도착한 곳은 화태였다.

11월의 화태는 이미 겨울이었다. 길이 얼어서 자동차는 없고 눈썰매 마차가 있었다. 인솔자는 눈썰매 마차에 여덟 명씩 태우고 출발했다. 얼마나 추운지 눈을 감았다 뜨면 눈이 딱딱 붙어 버렸다. 여름에도 산꼭대기에는 얼음이 박혀 있었다. 그렇게 추운 땅에서 눈썰매 마차를 타고 산을 넘어 탄광으로 들어갔다. 소년 탄부 생활의 시작이었다.

소년은 아무 교육도 없이 갱에서 탄을 캤다. 소년 탄부는 힘들었다. 채탄도 힘들었지만 입갱 때 허리에 매는 칸델라르의 커다란 배터리가 문제였다. 칸델라르를 맨 허리에 종기가 나서 붓더니 나중에는 혹이 되어 버렸다. 갱에서 화약 발파할 때 튀어 오른 탄 덩어리에 이마를 다쳤으나 아무 치료도 해주지 않아 지금도 흉터가 남아 있다. '목숨 건지고 받은 훈장'이었다.

1944년 여름이 되었다. 하루는 군인 신분인 사장이 식당으로 모이라고 했다. 사장은 늘 긴 칼을 차고 군복에 군복 망토까지 걸치고 다녔다. 사장은 모인 사람들 가운데 용암을 비롯한 스무 명을 선발했다. 사장은 "그동안 추운 곳에서 고생했으니 좀 따뜻한 데 가서 일하라!"고 했다. 다들 아무 대답이 없었다. 무슨 말이 필요하겠는가. 오고 싶어서 온 것도 아니고, 집에 보내준다는 것도 아닌데.

나오라는 날짜에 맞춰 항구에 나가니 경찰이 지키고 있었다. 경찰 호위 아래 배를 타고 떠났다. 시모노세키에서 내리지 않고 기차가 바다 밑으로 해서 나가사키로 갔다. 나가사키에서 기차를 내려 다시 배를 타고 다카시마(高島)라는 길쭉한 섬에 도착했다. 그곳에 소년이 일해야 하는 탄광이 있었다. 갱은 바다 아래 깊은 곳에 있었는데 미쓰비시 탄광이었다. 한인도 많았지만 중국 포로도 있었다. 일본 사람들은 중국 포로를 무시하고 못살게 굴었다.

거기서도 탄을 캤다. 화태보다 힘들었다. 다카시마의 석탄은 무연탄이었는데 덩어리가 아닌 가루탄이어서 눈에 들어가니 여간 불편하지 않았다. 좁은 갱에서 밀차에 가루탄을 담는 일도 힘들었지만, 끌어 올리는 일은 정말 힘에 부쳤다. 매질도 그치지 않았다. 일본인 조장은 이유 없이 자기 마음에 들지 않으면 때리고 발길질을 했다.

오래된 갱이다 보니 천정이 무너져 깔려 죽는 이도, 다치는 이도 있었다. 이곳에서도 달아날 생각은 하지도 못했다. 섬을 벗어날 방법도 없었고 감시가 철저해 탈출할 수도 없었다. 간혹 헤엄쳐 달아난 어른들은 있었다. 달아났다가 잡혀 죽었다는 소문도 들려왔다.

탄을 캐며 지내다 원자폭탄이 터지고 며칠 지나지 않아 소년의 탄부 생활은 끝났다. 보름 정도 지나자 한인을 모두 내보낸다는 소문이 돌았으나 내보내지도 않고 먹을 것도 주지 않았다. 당시 나가사키 조선소에는 미국 포로도 많았는데, 미군들이 이들을 위해 물건을 떨어트렸다. 가끔 물건들이 다카시마까지 떠밀려 왔는데 옷도 있고 먹을 것도 있었다. 그것을 먹으며 두 달 이상 버티면서 계속 회사에 고향에 보내 달라고 했다. 열심히 졸라댄 결과, 10월에 배를 구해 고향으로 갈 수 있었다. 100명 정도 타는 작은 배였다. 작은 배라도 구한 것이 어디냐며 서둘러 고향길에 나섰다. 2년간 편지 한 장 보내지 못했던 고향이었다. 고향으로 돌아갈 때 소년은 15원을 받았다. 2년간 일한 대가였다. 열다섯 살에 속초역 앞에서 끌려갔던 소년은 열일곱 살에 2년치 품삯 15원을 가지고, 마치 아무 일도 없었던 것처럼 고향으로 돌아왔다.

열두 살 소녀 광부, 복득

부산 기장군에는 일광광산이 있다. 당시 이곳은 동래군 일광면에 있었고, 일본의 3대 기업의 하나였던 스미토모(住友) 소속이었다. 금·은·구리·철·텅스텐을 채굴했는데, 구리를 많이 캐서 다들 구리광산이라 여겼다. 지금도 광산 사무소 건물은 그대로 남아 있고, 광산마을에서는 주민들이 생활하고 있으며, 입구를 바위로 막은 갱구에서는 여전히 녹물이 흐르고 있다.

복득은 1929년 12월 기장군 일광면에서 태어났는데 1942년 초부터 해방될 때까지 일광광산에서 일했다. 열두 살 꼬맹이가 광산에 간 이유는 부면장을 하던 이모부의 권유 때문이었다. 이모부는 일광광산에서 일하면 일본이나 만주로 가지 않아도 된다고 했다.

광산까지 10리 길이었는데, 아침 7시에 출발해 걸어가면 40분 정도 걸렸다. 도착하면 제일 먼저 체조를 하고 주의사항을 들었다. 광산은 엄청나게 넓고 일하는 사람도 많았다. 얼마나 사람이 많은지 다 헤아릴 수도 없었다. 소녀는 선광장에서 돌 고르는 일을 했다. 선광장에는 기계에 돌을 넣고 곱게 가는 남자들이 많았고 기계를 수리하는 사람들도 있었다. 여자들은 남자들이 날라 놓은 돌을 골라 리어카에 담아 다른 곳에 옮기는 작업을 했다. 반짝거리는 것은 남겨두고 반짝거리지 않는 것을 주워 운반하는 일이었다. 간혹 사다리를 타고 지하실에 내려가 뻘을 퍼내는 삽질을 하기도 했다. 일본인 감독은 남자든 여자든 발길질이 기본이었다. 종일 일했지만 일한 대가는 전혀 없었다. 해방 때까지 계속 다녔다.

살아 돌아온 아이들이 많지만 모두 그런 것은 아니었다. 탄광산에 들어간 지 한 달 만에 목숨을 잃은 소년이 있었다. 1931년 2월 경북 영양군 입암면에서 태어난 세창은 1943년 7월 중천가곡광산에 동원되었다. 겨우 열한 살밖에 되지 않았던 소년은 광산에 들어간 지 한 달 만에 갱이 무너지면서 기계에 깔려 사망했다. 유해를 찾아간 가족은 사망신고도 하지 않았다. 부모보다 일찍 세상을 뜬 자식은 가장 큰 불효자이므로 부모보다 먼저 사망신고를 할 수 없다고 생각했기 때문이다.

어려서 사망한 피해자들은 기억할 수 있는 사연이 거의 없다. 세창의 경우도 마찬가지다. 어떻게 광산에 가게 되었는지, 갱 속에서 무슨 일을 했는지, 왜 어린아이를 갱에 집어넣었는지 아는 사람은 없다. 부모는 이미 세상을 떠났고, 세 살이나 어린 남동생은 당시 상황을 전혀 알지 못한다. 세창처럼 광복 후 몇 년간 고통 속에 투병 생활을 하다 생을 마친 소년들이 있다. 여러 명이 있다. 그 가운데 한 형제가 있다.

청양군 장평면에서 태어난 길평(1928년생)은 1942년 3월 중천가곡광산에 끌려갔다. 길평은 갱에 들어가 일했는데, 해방된 후 3년 만에 세상을 떠났다. 원인은 진폐증이었다. 해방 이후 집으로 돌아온 후 기침은 물론 각혈을 계속하다 고작 스무 살도 못 되어 세상을 떠났다. 길평의 죽음은 안타까운 일이다.

그런데 죽음의 그림자는 그치지 않았다. 길평의 동생인 상구도 같은 광산에서 일했는데, 역시 4년 만에 세상을 떠났다. 1930년생이었던 상구는 형과 같은 시기에 광산에 들어갔다. 어린 형제는 갱에 들어가 일을 했는데, 해방 이후 같이 진폐증을 앓다가 길평이 세상을 떠난 지 1년 후 동생도 형의 뒤를 따랐다. 형제의 죽음은 우연이 아니었다. 해방 후 죽음에 이르는 기간 동안 어린 형제는 기침과 천식, 각혈의 고통에서 벗어나지 못했다. 고통을 멈추게 한 것은 죽음이었다.

이 외에도 사연을 알 수 없는 한반도의 탄광과 광산에서 사망한 어린이들이 있다. 자세한 사연을 알 수 없고, 두세 줄의 짧은 사망 정보만 남은 어린이 사망자. 이 가운데에는 열한 살의 어린이도 있었다. 짧은 사망 정보를 통해 알 수 있는 내용은 빈약하다. 대부분 갱내 사고로 사망했다는 점, 동원 후 얼마 되지 않아 목숨을 잃은 소년이 많았다는 점 정도를 알 수 있다. 사회적으로 보호받아야 할 어린이가 사고에 노출된 시절, 참혹한 시절이었다.

광산 사무소의 모습(2018년 10월 촬영)

광산마을 중 일부(2018년 10월 촬영)

일광광산 갱구에서 흘러나오는 광폐수(2016년 7월 촬영)

탄광산에서 허리에 차고 다닌 칸델라르. 무게가 1킬로그램이 넘어 매우 무겁다.
출처: 국무총리 소속 대일항쟁기 강제동원피해조사 및 국외 강제동원희생자 등 지원위원회, 2012, 『조각난 그날의 기억』, 85쪽.

앳된 얼굴의 소년 광부 태순. 모자의 미쓰비시 마크가 선명하다.
출처: 『조각난 그날의 기억』, 27쪽.

14

토목건축공사장으로 간 한인

　한인이 노무자로 동원된 작업장에서 가장 힘든 곳은 어디였을까. 경험자들은 탄광과 광산을 꼽는다. 그렇다면 탄광과 광산 다음으로 힘든 곳은 어디였을까. 토목건축공사장일 것이다. 실내가 아닌 노천에서 힘으로 하는 일이 대부분이었기 때문이다.

　일제강점기의 토목건축공사장은 모든 동원 지역에서 찾을 수 있다. 동원 지역별로 살펴보면, 일본이 가장 많다. 혹시 있을 육상 전투에 대비해 곳곳에 비행장을 많이 건설했기 때문이다. 군수공장을 가동하기 위한 발전소공사장 시설도 이 시기에 많이 이루어졌다. 그 외 1945년 초부터 공습을 피하려고 야산에 지하공장용 굴을 뚫다가 패전을 맞았기 때문이기도 하다.

　이들 지역의 토목건축공사를 주도한 일본기업은 백여 군데가 넘는다. 니시마쓰구미나 하자마구미(間組) 등 일본의 대표적인 건설회사가 포함되

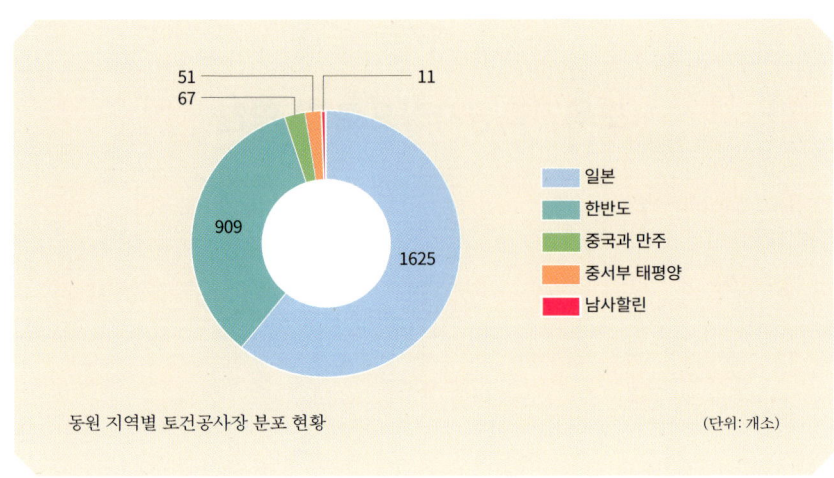

동원 지역별 토건공사장 분포 현황   (단위: 개소)

어 있다. 토목건축공사장에 한인을 동원한 일본기업 가운데 현재 존재하는 기업을 동원 지역별로 살펴보면 총 40개이다.

〈표 7〉 토건공사장에 한인을 동원한 현존 일본기업(동원 지역별)

일본	한반도	중국 만주
*가지마구미(鹿島組)	가지마구미(鹿島組)	니시마쓰구미(西松組)
간자키구미(神崎組)	니시마쓰구미(西松組)	오바야시구미(大林組)
고노이케구미(鴻池組)	니시모토구미(西本組)	오쿠라구미(大倉組)
구마가이구미(熊谷組)	도다구미(戶田組)	
기다(木田)건업	도비시마구미(飛島組)	
*니시마쓰구미(西松組)	시미즈구미(淸水組)	
*니시모토구미(西本組)	오바야시구미(大林組)	
니혼카이(日本海)선거공업	오쿠라구미(大倉組)	
닛산(日産)토목	제니다카구미(錢高組)	
다케나카(竹中)공무점	하자마구미(間組)	
단노구미(丹野組)		
데쓰도(鐵道)건설흥업		
데쓰도(鐵道)공업		
*도다구미(戶田組)		
*도비시마구미(飛島組)		
도아(東亞)항만공업		

일본	한반도	중국 만주
마루히코와타나베구미(丸彦渡邊組)		
마부치(馬渕)철공		
마쓰무라구미(松村組)		
사가미구미(相模組)		
사노야구미(佐野屋組)		
사토(佐藤)공업		
스가와라구미(菅原組)		
스구로구미(勝呂組)		
*시미즈구미(淸水組)		
아라이(荒井)합명		
*오바야시구미(大林組)		
*오쿠라구미(大倉組)		
오쿠무라구미(奧村組)		
요시다구미(吉田組)		
이리에구미(入江組)		
이토구미(伊藤組)		
*제니타카구미(錢高組)		
주코쿠(中國)토목		
지자키구미(地崎組)		
토목건축업 이시다(石田)		
*하자마구미(間組)		
후지타구미(藤田組)		
히라니시키구미(平錦組)		
히로노구미(廣野組)		

'*' 표시는 한반도와 중국과 만주에서 한인을 동원한 기업.

토목건축공사장은 당국(군 당국, 일본 정부, 조선총독부, 남양청, 화태청, 관동청 등)이나 니시마쓰구미나 하자마구미 등 건설회사가 직접 한인을 동원하기도 했으나 하청에 의존하는 경우가 많았다. 여러 단계로 하청했다고 해서 '중층적 하층'이라고도 한다.

첫 번째 하청은 큰 건설회사가 공구별로 여러 작은 건설회사에 공사를 나누어주는 방법이다. 큰 건설회사는 작은 건설회사가 어떤 방식으로 인력을 구하는지, 임금은 얼마나 적절하게 주는지 등 세부적인 내용에 관여하지 않는다. 두 번째 하청은 건설회사가 직접 인력을 구해 공사하는 것이 아니라 여러 명의 중간 관리자를 통해 관리하도록 위탁하는 것이다. 중간 관리자는 10~30명 정도의 노무자를 거느리고 다니며 공사장을 전전했다. 회사는 중간 관리자에게 비용을 줄 뿐, 인력의 관리에 대해서는 관여하지 않는다.

동원 방법은 지역별로 차이는 있었다. 한반도에서는 주로 조선총독부가 근로보국대라는 이름으로 동원한 사례가 많았다. 일본에서는 군 당국과 건설회사가 동원한 경우가 많았다. 해군은 각지에 '시설부'나 '진수부'라는 이름으로 부서를 두고 한인을 동원해 비행장을 닦았다. 중서부 태평양은 남양청이 '토목과'라는 전담부서를 두고 직접 한인을 동원하고 공사도 주관했다.

공사의 용도에 따라 동원 방식이 다르기도 했다. 토목건축공사장은 크게 철도와 도로, 저수지, 항만, 발전소, 공장이나 노무자 사택 건축공사

서울 용산우체국 뒤에 있는 하자마구미 경성사무소 건물(2019년 4월, 안해룡 촬영)

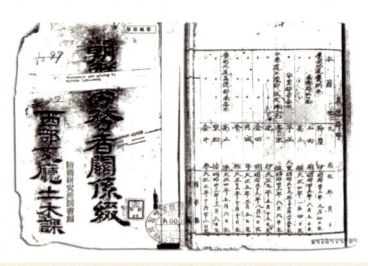

남양청 토목과가 작성한 한인 노무자 명부
출처: 조선인노무자관계철, 일본 방위성 방위연구소.

등 일반 공사장과 군의 필요에 따른 군공사장(비행장, 격납고, 엄폐호, 진지 등)으로 구분할 수 있다. 일반 공사장은 건설회사가 직접 인력을 동원하거나 하청 방식을 이용했다. 군공사장은 군 당국이 직접 한인을 동원하거나 건설회사를 통해 공사했다.

15
군무원인지 노무자인지도 모르지만

　인력 동원은 군인·군무원·노무자·일본군'위안부' 등 네 종류이다. 이 가운데 노무자는 공장이나 탄광산·토목건축공사장 등지에서 군수물자를 생산하고 운반하는 역할을 했다. 이에 비해 군무원은 대부분 노무자와 같은 일을 했으나 신분은 달랐다. 군무원은 군이 부리는 민간인이었으므로 회사가 아니라 군부대 소속이었다. 그런데 군무원과 노무자의 경계가 모호한 곳이 있다. 군부대가 직접 운영하는 군수공장과 토목건축공사장이다.

　군부대가 직접 운영하는 군수공장은 공장이라는 의미의 '창(廠)'이라는 이름을 붙인다. 무기를 만드는 공장인 조병창이나 병기창, 항공창 등 군부대 소속 공장은 모두 '창'이 붙어 있다. 이같이 군부대가 직접 운영하는 공장에 속한 민간인은 군무원 신분이었다. 토목건축공사장도 군이 주관하는 곳이라면 공사장에 동원한 한인은 군무원 신분이 된다.

군 당국이 직접 동원하거나 관리한 경우는 군무원으로, 건설회사를 통한 경우는 노무자로 분류하기도 했다. 군 당국이 직접 관리했는데도 군무원 명부에 올라가지 않은 경우가 있다. 징용장을 받은 사람도 군무원 명부에 없다.

중서부 태평양에서는 제당공장과 사탕수수농장에 동원한 한인을 비행장공사장과 군부대공사장으로 동원하면서 군무원으로 전환했다. 1944년 4월 사이판 현지 주둔군 당국과 난요흥발이라는 국책기업이 체결한 야노-오하라 협정에 따른 조치였다. 로타에서는 1944년 6월부터 16세 이상의 군적(軍籍)이 없는 남성을 징발해 육군부대에 편입하고, 공사장에 동원했다. 그런데 이들의 신분을 서류에는 군무원이 아니라 '피징용자'로 올렸다. 징용장은 없었으나 징용한 사람으로 취급한 것이다. 1944년 초부터 중서부 태평양이 연합군과 일본군 사이에 치열한 전투가 벌어지는 전쟁터가 되면서 생긴 일이다.

이같이 토목건축공사장에 동원된 이들은 노무자와 군무원이 섞여 있었고, 당국의 편의에 따라 노무자를 군무원으로 전환하기도 했다. 한인들도 자신이 노무자인지 군무원인지 모르는 경우가 많았다. 처음에 일을 시작했을 때는 노무자였는데, 전쟁이 끝났을 때 군무원으로 바뀌었기 때문이다.

이같이 노무자인지 군무원인지 모르지만 군 당국과 군이 위탁한 건설회사의 지시에 따라 한인들이 한 일은 무엇일까. 사령부 건물이나 군대 막사 건축, 비행장과 격납고·엄폐호 등 비행장 시설공사, 방공호나 포대 등 진지구축공사를 했다. 군공사장은 군의 지시를 받기 때문에 통제가 엄격하기도 했고, 전투 중이었으므로 위험했다.

중서부 태평양에서는 비행장을 두고 연합군과 일본군 사이의 전투가 매우 치열한 지역이 있었다. 팔라우의 앙가우르(Angaur)과 펠렐리우(Peleliu), 그리고 사이판 옆의 티니안(Tinian)이 그런 곳이었다. 일본은 이곳에 비행장을 만들어 미국과의 전투에서 우월한 작전을 펼치려고 했다. 연합군은 연합군대로 이들 비행장을 확보해야 일본 본토를 공격할 수 있다고 생각했다. 일본군은 어린 소녀까지 동원해서 열심히 비행장을 만들었다. 공사 자재도 없었고 시멘트도 없어서 산호를 바닥에 깔았다. 별다른 장비도 없이 맨손으로 하다시피 했다. 미군이 공습하거나 바다에서 함포를 쏘아대는 통에 낮에는 마음 놓고 일할 수 없었다. 일하다 다치거나 폭탄 파편이 튀어 다치는 사람이 늘었다. 더구나 중서부 태평양은 공습이나 함포 사격에 아무런 방비를 할 수 없는 곳이었다. 비행장은 허허벌판이어서 폭탄을 피할 곳이 없었기 때문이다.

1944년, 일본군이 한인들을 희생하면서 어렵게 만든 비행장은 미군 차지가 되었다. 미군은 티니안을 점령한 후 비행장을 이용해 일본 본토로 폭격기를 띄웠다. 티니안을 출격한 미군 B-29는 매일 도쿄·오사카(大阪) 같은 큰 도시는 물론, 북쪽 홋카이도의 무로란(室蘭)이나 남쪽 후쿠오카현 야하타(八幡)까지 공습했다. 군수공장이건 주택이건 가리지 않았다.

그렇다면 토목건축공사장 가운데 군공사장은 얼마나 될까. 동원 지역별로 현황을 보면, 일본은 876개소(전체 토목건축공사장 1,625개소의 53.9%)이고 한반도는 416개소(총 909개소의 45.26%)이다. 중서부 태평양은 34개소로 66.66%이고, 남사할린은 10개소로 90.9%이며, 중국 만주는 5개소로 7.46%이다.

전남 광주의 비행기 유류저장소(근로정신대할머니와 함께하는 시민 모임, 2014년 촬영)

전남 목포 고하도의 군사시설(연세대 연구용역팀, 2013년 7월 촬영)

전남 여수의 군사시설지(2013년 7월 촬영)

전남 여수의 수상비행장(2014년 8월 촬영)

중서부 태평양 팔라우 공화국 펠렐리우의 일본군 사령부 건물(2007년 6월 촬영)

중서부 태평양 팔라우 공화국 펠렐리우의 군사시설지(2007년 6월 촬영)

만주 훈춘 비행장 활주로(2006년 7월 촬영)   훈춘 비행장 활주로(2006년 7월 촬영)

16
산으로 간 지하공장

토목건축공사장 가운데에서 특이한 곳은 일본과 한반도의 지하공장이었다. 일본의 지하공장은 지역의 시민활동가들이 조사와 연구를 병행하고 있는데, 한반도의 지하공장은 조사도 연구도 없었다. 그간 한반도에 지하공장이 있었다는 사실조차 알려지지 않았기 때문이다. 2019년부터 부평문화원의 『부평사』 편찬 과정에서 지하공장의 존재가 알려지기 시작했다.

그럼 먼저 일본의 지하공장을 살펴보기로 하자.

일본의 지하공장은 도쿄를 비롯한 관동지방과 나가노현 등에도 있으나 교토(京都)나 오사카 등 일본 관서지방에 많다. 정확한 규모는 알 수 없고, 수천 개소에 이르는 것으로 알려져 있다. 일본 정부는 1943년 8월 27일 '공장사업장방공긴급대책요강'을 각의결정했다. 이 시기는 일본이 태평양에서 주도권을 잃고 패퇴를 거듭하고 있던 때였다. 1942년 6월 7일에 일어난 미드웨이해전에서 패배한 일본군은 1943년 2월 과달카날섬에서 철수했다. 과달카날섬 철수는 태평양 전선에서 일본군의 패퇴를 의미했다. 이미 중국 전선에서 고전을 면치 못하던 일본군은 태평양 전선에서 패퇴를 거듭하면서 본토에서 결전을 준비해야 했다. 이를 위해 필요한 것은 비행기 등 군수물자의 증산이었다. 그러나 1943년 8월 각의결정에 따라 곧바로 지하공장을 짓지는 않았다. 아직은 미군이 일본 본토공습을 시작하지 않았기 때문이다.

그러나 1944년 8월부터 본토공습이 본격화하고 1945년이 되어 상황이 더욱 급박해지자 일본 정부는 공습의 위험이 적다고 예상되는 지역에 지하공장을 마련해 항공기와 무기를 생산하는 군수공장을 이전하는 방안을 마련했다. 1945년 2월 23일에 일본 정부는 각의결정 '공장긴급소개요강'(각의결정)을 통해 지하공장을 지으라고 지시했다. 주로 숲이 울창한 야산에 지어 지하공장의 존재를 들키지 않으려 했다.

1945년 4월경부터 시작한 지하공장건설작업은 8월 일본의 패전으로 완공을 보지 못하고 중단되었다. 지금도 남아 있는 현장은 공사가 중단된 모습 그대로이다. 건설 자재가 부족했는지, 철근이나 콘크리트 구조물은 입구에만 사용했다. 변변한 장비도 없이 사람 손으로 파 들어간 굴은 다급했던 당시 상황을 짐작하게 해준다.

현장을 확인할 수 있는 일본의 대표적 지하공장은 나가노현 마쓰모토(松本)시 외곽의 미쓰비시중공업 항공기 공장, 교토부 다카쓰키(高槻)에 가와사키(川崎) 항공기 공장으로 조성했던 다치소(高槻의 '다', 지하의 '치', 창고의 '소'를 조합한 당시 암호), 도쿄 아사카와(淺川)에 건설한 나카지마(中島)비행기 지하공장 등 적지 않다.

가파르고 위험한 마쓰모토 미쓰비시 지하공장 내부
(2017년 3월 촬영)

기어들어 가야 하는 교토부 가와사키 항공기 지하공장 다치소 입구(2015년 8월 촬영)

입구에만 철근공사를 한 마쓰모토 미쓰비시중공업 항공기 지하공장(2017년 3월 촬영)

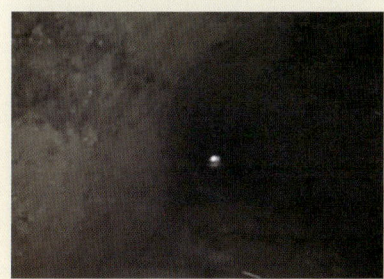

나긴 다치소 터널(2015년 8월 촬영)

도쿄 아사카와 지하공장 내부. 안전장치는 전후에 한 것이다.(2013년 3월 촬영)

비행기 등 일본의 무기공장을 한반도로 옮기려는 계획은 자료와 생존자의 구술을 통해 들을 수 있다. 항공기 몸통과 총알 등을 만들던 후지코시(不二越)강재(㈜)는 1945년에 공장을 황해도 사리원으로 옮기려고 준비하던 중 패전을 맞았다. 그러나 실제 현장은 찾을 수 없었다. 그러다가 최근에 확인한 곳이 인천시 부평구의 함봉산 지하시설물이다. 함봉산은 1945년 3월 일본 군부가 도쿄육군 제1조병창을 옮기려 했던 곳이다. 일본 육군이 작성한 '쇼와 20년 3월 예하부대장 회동 시 병기생산 상황보고' 극비문서에는 건설할 지하공장의 도면까지 상세하다. 쇼와 20년은 1945년이다. 그런데 왜 부평의 함봉산이었을까.

부평은 당시 일본 당국이 '남선 최대의 군수창'이라고 표현할 정도로 무기공장(인천육군조병창, 미쓰비시제강)과 무기 생산에 필요한 기계부품을 생산하는 공장으로 가득한 곳이었다. 철도와 항만 등 수송에 필요한 인프라가 잘 갖추어져 있고, 인근 대도시에서 우수한 기술자를 조달할 수 있기 때문이었다. 또 다른 이유가 있었다. 분지라는 지리적 이유였다. 분지는 안개가 자주 끼므로 공습하려 해도 목표물을 식별하기가 쉽지 않다.

일본 군부는 인천육군조병창 인근 함봉산에 지하공장을 마련하고자 학도근로대 등을 동원해 시설공사에 들어갔으나 공사 도중 패전을 맞았다. 현재 부평구가 확인한 지하시설은 24개소다. 미군의 공습 때문에 도쿄육군 제1조병창의 무기 생산이 불가능하다고 판단한 육군 수뇌부는 부평 함봉산에 지하공장을 건설하기로 했다. 그러나 이 결정을 내린 직후인 4월 14일 도쿄육군 제1조병창은 미군의 공습으로 기능이 정지되었다. 함봉산으로 옮길 기계가 사라진 것이다. 그런데도 육군은 함봉산 공

도쿄육군제1조병창 이전을 위해 공사했던 지하시설 중 일부(인천시 부평구, 2018년 12월 촬영)

부평 지하시설 7번 동굴 내부(2018년 12월 촬영)

사를 중단하지 않았다. 맨손으로 돌을 깨고 나르던 어린 학생들은 광복의 날이 올 때까지 지하 공사장을 벗어날 수 없었다.

17

군수공장에 동원된 한인

　강제동원 작업현장 가운데 탄광과 광산, 그리고 토목건축공사장 다음으로 많은 곳은 군수공장이다. 동원 지역별로 보면 일본이 가장 많고 다음이 한반도다. 군수공장은 민간기업이 운영하는 곳이 대부분이지만 일본과 한반도에는 각각 20개소와 13개소의 군 작업장이 자리하고 있었다. 병기창과 조병창, 항공창, 해군보급부 등의 이름으로 불렸다.
　군수공장의 세부 직종을 보면 매우 다양하다. 한반도의 군수공장을 기준으로 세부 직종을 살펴보면, 기계기기·비료·섬유방직·시멘트·식품가공·연탄·요업·자재·전기·정련과 제련·정미·정유·제약·제지·제철·제화·화학·기타 등 다양하다.
　이 가운데에서 기계기기나 시멘트·전기·제철·화학은 항공기나 선박 등 전쟁에 직접 필요한 군수물자를 생산하는 직종인데, 제약·정미나 식품가공·요업·섬유방직·제화 등은 전쟁과 무슨 관련이 있었을까. 관련

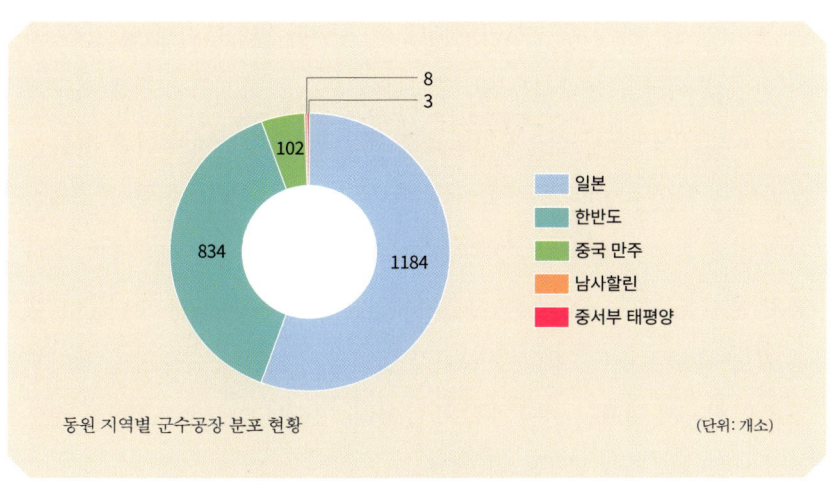

동원 지역별 군수공장 분포 현황   (단위: 개소)

이 있었다. 군인이 사용하는 물품이었기 때문이다. 비누를 만들던 동대문 숭인동 대륙화학연구소에서 일용직 인부로 일하다가 1943년 11월에 징용장을 받고 일본 도쿄의 일본제화㈜에 동원된 진현수는 일본 장교가 신는 군화를 생산했다. 이 회사는 지금 리갈제화㈜라는 이름으로 남아 있다.

일본 당국은 1940년 7월 7일 양복지 등 사치물품의 생산과 판매를 금지하는 조치를 단행했다. 일명 7·7 금령, 또는 사치품 금지령이라고 했다. 또한 배급제도를 통해 민간은 최소한의 생필품만을 살 수 있도록 했다. 모든 물품은 우선적으로 군인에게 배당했다. 방적공장은 군인이 입을 군복에서 속옷과 양말까지 만드는 곳이 되었다. 과자를 만들던 모리나가(森永)제과나 식품조미료를 만들던 아지노모토(味の素)도 군납용 식품을 만들었다. 그러므로 앞에서 소개한 직종의 공장은 모두 군수공장이다.

그렇다면 군수공장에서 한인의 노동실태는 어떠했을까. 일반적으로 탄광과 광산, 토목건축공사장에 비해 군수공장은 편했을 것이라 생각한다. 그런데 공장에서 한인은 무슨 일을 했는지 살펴보면 이해하기 쉬

93

울 것이다. 일본제철㈜ 오사카 제철소에 동원된 한인들이 했던 일은 공장 안으로 석탄을 운반하는 일, 용광로에 온도를 유지하기 위해 화구에 석탄을 넣는 일, 용광로에 철강원료를 넣는 일, 용광로에서 나온 철강을 운반하는 일 등이었다. 남사할린의 제지공장에 동원된 한인도 삼림채벌장에서 목재 운반, 공장의 기계에 넣을 석탄 운반, 기계에 석탄 넣기, 종이뭉치 운반을 했다. 제철소와 마찬가지였다. 비료공장에 간 소녀들이 했던 일도 비료부대에 내용물을 담아 운반하는 일이었다. 군수공장에 가서 기계를 이용해 일했던 한인은 많지 않았다. 그러므로 군수공장이라 해도 한인의 역할은 주로 힘쓰는 일이었다.

 기계를 만진다 해서 편한 것이 아니었다. 위험한 일이었다. 후지코시강재 공장에서 비행기 부품을 만들던 소녀들은 선반기라는 기계 때문에 손가락을 잃기도 했다. 방적공장에서 기계를 돌리던 소녀들은 작은 덩치로 여러 대의 기계를 작동하기 위해 종종걸음으로 뛰어다녔다. 그러나 기계에 팔이 절단당하기도 했다. 학도지원병을 거부했다는 이유로 오노다(小野田)시멘트㈜ 공장에서 일해야 했던 청년들은 석회석 덩어리를 삽질로 분쇄기에 집어넣고 밀차에 싣는 일을 했는데, 시멘트 가루와 먼지가 날려서 눈과 코, 입을 통해 허파로 들어갔다. 얼굴에 시멘트의 노란 가루가 들러붙는데도 떼어내지 못하고 밀차에 실어날라야 했다. 시멘트 가루는 땀과 범벅이 되면서 얼굴은 콘크리트처럼 딱딱해지고, 두 눈은 헐어 버렸다. 이 경험을 했던 조선 청년 계훈제는 결국 한쪽 폐를 떼어냈고 평생 폐결핵에서 벗어나지 못했다.

 비교적 탄광이나 토목건축공사장보다 나은 곳이라고 생각하는 군수공장도 한인에게는 가혹한 강제노동의 현장이었을 뿐이었다.

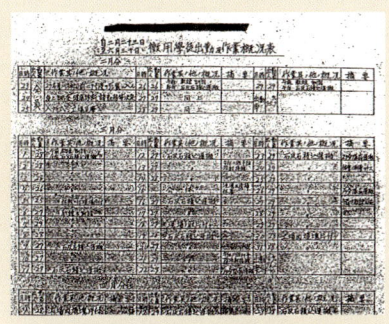

오노다시멘트㈜ 해주 천내리공장에서 작성한 응징학도 작업 상황표
출처: 오노다시멘트주식회사 내부 문서.

전남 광주에 있는 가네가후치 방적공장의 굴뚝과 당시 건물(2014년 7월 촬영)

18

공습과 지진 속에서도 멈출 수 없었던 노동

　한인을 동원한 강제동원 지역은 처음에는 전쟁터가 아니라 후방지역이었다. 그러나 전쟁이 극심해지고, 일본의 패전이 임박하면서 후방도 공습에서 안전할 수 없었다. 동원 지역 가운데 공습을 당하지 않은 지역은 남사할린 정도였다. 안전하다고 알려진 만주와 한반도도 공습과 함포사격을 피하지 못했다. 1944년 9월 8일 미군의 전투기 B-29 100여 대가 남만주를 공습했다. 한반도 공습은 1944년 10월 25일 제주도를 시작으로 1945년 5월부터는 경남·전남의 남해안과 제주도, 인천 해상, 전남 광주와 충남 대전 등 중남부 일대, 전북 이리(익산), 함남 원산 등을 대상으로 이루어졌다. 이 과정에서 징용배가 침몰하거나 민간인이 사망하기도 했다.
　그러나 공습의 피해가 가장 컸던 지역은 실제 전투가 벌어졌던 중서부 태평양과 전쟁을 총지휘하던 일본이었다. 연합군은 1943년 2월 과달카날 섬을 차지하면서 동남아시아와 태평양의 제공권을 장악했다. 이미 해상을 봉쇄해 함포사격을 하며 일본군을 공격했는데, 이제는 전투기를 이용한 공습이 가능하게 된 것이다. 이 과정에서 비행장과 군 시설공사를 하던 한인의 인명피해가 컸다. 징용을 당해 팔라우로 향하던 한인 40명이 사망한 일도 있었다. 1944년 4월 25일에 있었던 오사카호(大阪丸) 사건이다.

1944년 4월 남양청은 직영사업장 배치 목적으로 한인 노무자를 경북 영덕·군위, 전남 광양·순천·보성·고흥·구례에서 모집 형태로 동원했다. 334명의 한인은 수송선 오사카호를 타고 팔라우를 향해 출발했다. 오사카호는 1944년 5월 3일 한인을 태우고 요코하마를 출발해 사이판을 거쳐 팔라우로 향하던 중 5월 25일 9시 20분 북위 11도 12분 동경 135도 15분 지점에서 미 잠수함의 어뢰 공격을 받고 침몰했다. 수송선 침몰 당시 구조된 한인들은 5월 27일 팔라우에 도착했으나 도착 후 부상자 가운데 13명이 추가로 사망해 한인 사망자는 총 40명이 되었다.

1943년 5월 미군이 아츠섬에 상륙하면서 시작한 육지전에서도 연승을 거듭하다가 1944년 6월 마리아나 제도 사이판섬에 상륙한 후, 8월 3일 티니안 점령을 끝으로 미군은 중서부 태평양 전투를 끝냈다. 1945년 2월 미군이 마닐라 시내에 진입하면서 동남아시아의 전투도 사실상 끝이 나자 이제 남은 곳은 일본 본토가 되었다.

미국은 대일전쟁에 대한 기본 전략을 마지막 단계에 육군의 일본 본토 상륙으로 설정했다. 그러므로 미군은 미 육군이 일본에 상륙할 때 피해를 줄이기 위해 공습을 택했다. 특히 항공기 공장이나 육해군 공창, 전기기계 공장 및 기타 무기공장은 첫 번째 목표가 되었다.

1942년 4월 7일, 도쿄·나고야·고베 등 주요 도시에 미군 B-25 폭격대가 나타나 폭격을 퍼부었으나 1944년 여름까지 일본은 공습의 안전지

대였다. 일본이 동남아시아와 태평양지역을 점령했으므로 급유문제로 미군 폭격기가 출격할 수 없었기 때문이다. 그러다가 미군이 태평양지역을 회복하면서 상황은 달라졌다. 티니안을 점령한 미군은 8월 10일부터 거의 매일 일본 본토를 폭격하기 시작했다. 일본 최남단 오키나와에서 최북단 홋카이도까지 공습에서 안전한 곳은 없었다. 1944년 8월 8일 나가사키현 사세보(佐世保) 군항 공습을 시작으로 일본 전역을 대상으로 한 공습은 1945년 8월 14일 쇼와천황이 항복 선언문에 결재하는 순간까지 그치지 않았다. 도쿄지역에만 106회를 공습했다.

공습은 '하늘이 뚫린 듯한' 폭격이었고, 폭탄이 떨어지는 모습은 융단이 내려오는 것 같았으며 소이탄의 위력은 강력해서 도로와 철로까지 녹일 정도였다. 소이탄이란 폭탄, 총포탄, 로켓탄, 수류탄 등 탄환류 속에 소이제(燒夷劑)를 넣었다 해서 붙인 이름이다. 강력한 화력을 가진 소이탄 피해는 가공할 정도였다. 불타는 집을 탈출해도 도로는 불에 이글거리고 있고, 열을 식히려 강물에 뛰어들었다가도 이미 뜨거워진 물 온도 때문에 도로 튀어나와야 했다.

가장 큰 피해를 기록한 공습은 1945년 3월 도쿄대공습과 두 차례에 걸친 원폭 투하였다. 일본 지역 공습으로 인한 민간인 피해자는 무려 8,045,094명이었고, 한인은 25만 명에 달했는데, 그 가운데에는 강제동원된 한인도 포함되어 있었다. 도쿄대공습에서 사망한 한인은 1만여 명으로 추산한다. 도쿄대공습 피해지역에는 해군 시바우라(芝浦) 보급부와 이시카와(石川)조선소, 육군피복창이 있었고, 이곳에 동원되었던 한인도 있었다. 이들은 집단수용되어 있었으므로 공습이 일어났을 당시 신속하게 피하지 못했다. 피징용사망자연명부에서 도쿄대공습 당시 사망한 강제동원 한인 95명의 명단을 찾을 수 있다. 이 가운데 최연소는 14세에 사망한 전재식(1930년 11월생)이다. 그는 1944년에 13세의 나이로 형 대신 동원되어 해군 소속의 공장에서 일하다가 변을 당했다. 이들의 유골은 현재 도쿄도위령당에 있다.

원폭의 피해는 처참했다. 1945년 8월 6일 오전 8시 15분, 티니안 비행장을 출발한 미군 비행기가 히로시마 시마병원 상공 580미터에서 TNT 1만 톤짜리 우라늄 원자폭탄 'Little Boy'를 투하했다. 8월 9일 오전 11시 2분에는 나가사키 마쓰야마마치(松山町) 171번지 상공 500미터에 TNT 2만 1천 톤짜리 플루토늄 원자폭탄 'Fat Man'을 투하했다.

히로시마에 폭탄을 투하한 곳에는 히로시마조선소, 도요(東洋)공업, 유타니(油谷)중공업, 다마모구미(玉藻組) 등이 있었다. 나가사키에도 나가사키조선소, 나가사키제강소, 호리후리(深堀)조선소, 고야기시마(香燒島)조선소 등 선박과 무기를 만드는 공장이 있어서 많은 한인이 동원되었다. 일본정부가 작성한 명부를 보면, 나가사키 시내에 14,378명이, 히로시마 시내에는 최소 3,325명이 동원되었다. 이들을 포함해 1945년 8월 당시 히로시마현에는 한인 84,886명이, 나가사키현에 61,773명이 살고 있었다.

히로시마와 나가사키에서 사망한 한인은 총 5만 명(히로시마 3만 명, 나가사키 2만 명)으로 추정한다. 그런데 히로시마의 일본인 피폭 사망률이 37.9%인 데 비해 한인 사망률은 60%에 달한다. 왜 이렇게 사망률이 높을까.

첫 번째 이유는, 당국이 시 외곽에 있었던 군수공장의 한인을 시체 수습이나 건물 소개 작업(공습에 대비해 미리 건물과 건물 사이의 일부 건물을 철거하는 작업)에 투입해 시내 한복판에서 일하도록 했기 때문이다. 이 과정에서 그들은 피폭자가 되었다. 시내에 들어가 피폭을 당했다고 해서 '입시(入市) 피폭'이라고 한다. 두 번째는 구호의 문제다. 밀려드는 일본인 치료를 서둘렀던 임시진료소에서 한인은 치료받지 못했다. '조센징'이라는 이유로 치료를 거부당한 한인은 서둘러 고향으로 돌아왔고, 치료의 기회를 잃은 탓에 사망자가 많이 발생했다.

원폭의 피해는 어린아이도 가리지 않았다.

피폭 사망자, 성례

1931년 전남 순천에서 태어난 성례는 아버지를 따라 히로시마로 이주해 학교에 다녔다. 1944년 10월, 아버지가 어린 성례에게 군수공장에 가야 한다고 알려주었다. 원래 상급학교에 다니던 아들이 학도근로대로 공장에 가야 했지만 대신 어린 동생을 보내기로 한 것이었다. 공장에 갈 나이가 아니었지만 특별히 부탁해서 성례가 공장에 가게 되었다.

공장은 집에서 좀 떨어져 있어서 성례는 공장 숙소에서 지냈다. 미쓰비시중공업㈜ 히로시마조선소가 성례를 동원한 공장이었다. 매주 일요일에 잠시 집에 들르는 것 외에는 줄곧 공장에서 생활했다.

1945년 8월 6일, 히로시마에 원자폭탄이 투하되었을 때, 어린 성례는 하늘의 별이 되었다. 공장이 바로 폭탄이 투하된 곳에 있었기 때문이다. 성례의 시신 일부는 새까맣게 숯처럼 타버려 형체를 알 수 없었으나 명찰을 보고 확인할 수 있었다. 아버지는 딸의 시신을 화장해 유골단지를 안고 고향길을 재촉했다.

일본의 강제동원 현장에서 한인을 괴롭힌 것은 공습만이 아니었다. 지진도 한인의 목숨을 앗아간 주인공이었다. 1944년 12월 7일 일본 동남해 지진이 발생했다. 미쓰비시중공업 나고야항공기제작소에 동원된 여성 6명이 사망했는데, 그 가운데 2명은 한인이었다.

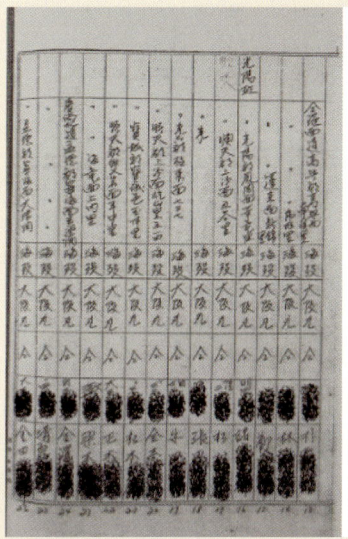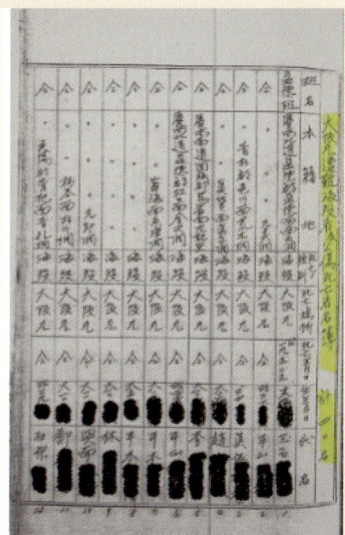

오사카호 사망 한인 명부
출처: 국무총리 소속 대일항쟁기 강제동원 피해진상조사 및 국외강제동원 희생자 등 지원위원회, 2012, 『1944년도 남양청 동원 조선인 노무자 피해실태조사』, 30쪽.

소이탄 모습. 큰 폭탄 안에 여러 단계의 작은 폭탄을 넣었다.(도쿄대공습전재자료센터. 2010년 2월, 수요역사연구회 촬영)

도쿄도위령당에 모신 도쿄대공습 한인 사망자(추정) 유골함(도쿄조선인강제연행진상조사단 제공)

19
어린이도 피할 수 없었던 징용

일본 당국은 법을 만들어 한인을 강제동원했다. 일본 당국이 만든 법에는 동원 나이가 적혀 있다. 각종 규정을 보면, 시기가 지나면서 점점 동원 나이가 어려지고 있음을 알 수 있다.

- 국민근로보국대 실시요강(1938년 6월) : 만 20세~만 40세 남녀
- 국민근로보국협력령(1941년 11월) : 만 14세 이상~만 40세 미만 남성, 만 14세 이상~만 25세 미만 여성
- 노무조정령(1941년 12월) : 만 14세 이상~만 40세 미만 남성, 만 14세 이상~만 25세 미만 여성
- 국민근로보국협력령 개정(1944년 11월) : 만 14세 이상~만 60세 미만 남성, 만 14세 이상~만 40세 미만의 배우자가 없는 여성
- 여자정신근로령(1944년 8월) : 만 12세 이상~만 40세 미만 여성
- 국민근로동원령(1945년 4월) : 만 12세 이상~만 60세 미만 남성, 만 12세 이상~만 40세 미만 여성

이 규정에 따르면, 1944년까지는 만 14세 이상의 남녀를 동원할 수 있었다. 그러나 나이 규정은 그야말로 규정일 뿐이었다. 실제로는 규정보다 어린아이들을 노동현장에 투입했다. 당국은 법을 위반하면서 한인 아동을 노역장에 내몰았다.

어린아이의 동원은 앞에서 소개한 탄광과 광산 외에도 군수공장, 토목건축공사장, 집단농장 등에서 있었다. 동원한 지역도 일본, 남사할린, 중서부 태평양, 한반도 등임을 알 수 있다. 이 가운데 가장 많은 어린아이를 동원한 지역은 한반도라고 생각한다. 전쟁이 진행되면서 한반도가 감당해야 할 공출의 품목과 양이 늘어났다. 그러나 당국은 건장한 성인 남성을 일본이나 남사할린 등 한반도 외 지역으로 대규모 동원하고, 그 자리를 노인과 여성, 어린이로 메꾸었다.

그렇다면 증거가 있는가. 문서기록은 찾을 수 없다. 한반도에 동원한 한인의 명부가 없으므로 확인할 수 없다. 그런데 무슨 근거로 그렇게 말할 수 있는가. 당시 상황을 경험한 생존 피해자들이 있기 때문이다. 정부에 신고한 피해자 가운데 14세 이하의 어린이로 동원되었던 이들이 자신의 경험을 드러냈다.

현재 알려진 어린이 동원 피해자는 70명 정도 된다. 이들의 사연을 토대로 특성을 살펴보면, 크게 두 가지다.

첫째, 성년 남성 기준으로 작동하는 노동시스템에서 스스로 지킬 수 없었다. 이들은 노동재해와 공습피해 등에 매우 취약했고, 성폭력과 물리적 폭력 상황에 노출되었다. "막장에서는 두들겨 맞는 날이 항다반사였다. 오줌 때문에 두들겨 맞고, 곡괭이질 때문에 두들겨 맞고, 광차 때문에 두들겨 맞고, 감독들의 곡괭이 자루는 사사건건 구실을 잡아 춤을 추었다.

지독한 구타였다." 소년 탄광부를 경험한 이상업이 『사지를 넘어 귀향까지』에 남긴 내용이다.

강제동원된 성인 남성은 저항했다. 1939년 이후 일본 지역에 동원된 한인 노무자 1,020,125명 가운데 약 10%에 달하는 10만 8,978명은 파업과 태업에 참가하거나 폭동 등 적극적인 방법으로 저항했다. 그러나 소년들은 지독한 구타 앞에서 저항하지 못했다.

둘째, 광복 후 정신적 어려움을 경험한 사례가 많았다. 대부분의 여성 경험자들은 트라우마를 호소했다. 귀가 후 후유증으로 인해 사망하기도 했고, 자살한 소녀도 여럿이었다. 원인은 현장 성폭행이었다. 근로정신대 피해자는 대부분 자기 책임으로 돌렸다. '선생님의 말만 듣고, 부모님을 속이고 갔다는 자책감'과 광복 후 겪는 어려움과 사회적 편견을 '부모님을 속인 대가'로 생각하는 체념론은 평생 이들의 삶을 짓눌렀다.

위험한 일을 하던 토목건축공사장에서 어린이 사망자는 속출했다. 이들은 사고로 또는 관리자의 폭력으로 목숨을 잃었다. 사망 원인을 알 수 없는 어린이도 있었다.

- 순하(남) : 1931년 3월 전남 신안 출생. 1943년 2월, 평북 강계군 소재 만포선 철도공사장에 동원(11세). 동원된 후 며칠 지나지 않아 만포읍 문곡동 철도의무실에서 사고로 사망. 사고 내용은 알 수 없으며, 유해 봉환 여부도 알 수 없음. *사망 당시 11세.
- 단오(남) : 1932년 5월 전남 해남 출생. 1945년 3월 전남 해남군 소재 아사다(淺田)화학공업(주) 소속 옥매광산에 동원되었다가 다시 제주도 대정읍 군사시설공사장에 동원(12세). 그해 8월 20일, 해방을 맞아 고향으로 돌아오던 중, 청산도 앞바다에서 일어난 선박화재사고로 사망. 유해는 찾을 수 없음. *사망 당시 12세.

- 세영(여) : 1931년 3월 경북 문경 출생. 1944년 12월 14일, 마성국민학교 재학 중 문경군 마성면 신사(神社)조성작업에 동원되었다가 흙더미 매몰사고로 사망. 유해 봉환. *사망 당시 12세.
- 유석(남) : 1930년 9월 경북 달성 출생. 1943년 10월, 경북 달성군 소재 동촌비행장공사장에 동원(12세). 동원 후 5개월 만인 1944년 3월, 비행장 정문의 공사장으로 이동 중 사망. 사고원인을 알 수 없으며 유해는 가족에게 봉환되었음. *사망 당시 13세.
- 명종(남) : 1928년 2월 전남 함평 출생. 1942년 6월, 함남 단천군 소재 공장건설공사장에 동원(13세). 동원 후 1개월 만인 7월 16일, 사고로 공사장 함바에서 사망. 사고원인은 알 수 없으며 유골은 봉환되지 않았음. *사망 당시 13세.
- 형충(남) : 1929년 1월 전남 무안 출생. 1943년 2월, 전남 무안 소재 망운비행장에 동원(13세). 동원 후 3개월 만인 5월, 배식 부족을 항의하다가 '구보다'라는 관리인이 가한 구타로 사망. 유해 봉환. *사망 당시 13세.
- 선영(여) : 1930년 12월 경북 문경 출생. 1944년 12월 12일, 마성국민학교 재학 중 마성면 신사조성작업에 동원되었다가 14일 흙더미 매몰사고로 사망. 유해 봉환. *사망 당시 13세.
- 노운(남) : 1929년 9월 충남 논산 출생. 1941년 2월, 논산 소재 탑정저수지 공사장에 동원(13세). 동원 후 2개월 만인 4월 15일, 사고로 사망. 사고원인은 알 수 없고, 유해는 현지에 안장했음. *사망 당시 13세.
- 동술(남) : 1929년 6월 전남 해남 출생. 무안군 망운면 소재 육군작업장에 동원, 일시는 알 수 없음. 1944년 11월 17일 사고로 사망. 유해 봉환. *사망 당시 14세.
- 수홍(남) : 1926년 10월 전남 화순 출생. 함북 청진부 서항 소재 토목국 소속 공사장에 동원, 일시는 알 수 없음. 1941년 12월 5일에 발생한 사고로 사망. 사고원인은 알 수 없으며 유해 봉환 여부도 알지 못함. *사망 당시 14세.
- 정구(남) : 1930년 1월 경남 고성 출생. 1944년 7월, 경남 진해군 소재 군사시설물 방공호공사장에 동원(13세). 1945년 8월 8일에 발생한 붕괴사고로 들것에 실려 집으로 돌아온 후 치료 중 8월 18일 사망. 유해는 가족들이 안장했음. *사망 당시 14세.

- 춘배(남) : 1929년 8월 전남 해남 출생. 1944년 9월 전남 해남군 소재 아사다화학공업㈜ 소속 옥매광산에 동원(13세). 광산에서 다시 제주도 대정읍 군사시설공사장에 동원되었다가 1945년 8월 20일, 해방을 맞아 고향으로 돌아오던 중 청산도 앞바다에서 일어난 선박화재사고로 사망. 유해는 찾을 수 없음. *사망 당시 14세.
- 외생(남) : 1929년 4월 경남 산청 출생. 1944년 3월 부산부 전포리 소재 미야케구미(三宅組) 토취장에 동원(13세). 동원 후 4개월 만인 1944년 8월 20일, 현장에서 사고로 사망. 유해 봉환. *사망 당시 14세.
- 건수(남) : 1927년 5월 전북 진안 출생. 1941년 함북 부령군과 만주에 걸친 청라선 철도공사장에 동원(13세). 1942년 5월 터널공사 중 전염병으로 사망. 유골은 봉환하지 못했음. *사망 당시 14세.
- 성만(남) : 1928년 3월 충북 청원 출생. 1943년 2월 평북 강계군 소재 강계수력발전소 하자마구미(間組) 공사장에 동원(14세). 동원 후 4개월 만인 7월 20일 사고로 사망. 사고원인은 알 수 없고, 유골은 봉환하지 못했음. *사망 당시 14세.
- 석기(남) : 1928년 3월 전북 익산 출생. 1943년 6월 전북 임실 소재 조선전업㈜이 발주한 섬진강댐공사장에 동원(14세). 조선전업㈜은 일본질소비료㈜가 설립한 회사. 동원된 직후인 7월 19일 현장사고로 사망. 사고원인은 알 수 없으며 유해는 봉환. *사망 당시 14세.

공장이니까 기술을 배울 수 있을 것이라거나 노동조건이 좋을 것이라 여기고 따라나섰던 어린이들 가운데 일부는 살아서 집으로 돌아올 수 없었다. 이들의 사망 원인도 알 수 없다.

- 병주(남) : 1929년 9월 전북 임실 출생. 1943년 8월, 함남 흥남에 있는 일본질소비료㈜ 소속 본궁공장(군수회사로 지정)에 동원(13세). 동원된 지 7개월 만인 1944년 3월, 공장 부속 병원에서 사망. 유해 봉환에 대해서는 알려진 내용이 없음. *사망 당시 14세.

- 용철(남) : 1929년 8월 충남 연기 출생. 1943년 12월, 함남 흥남에 있는 일본질소비료㈜ 소속 본궁공장(군수공장으로 지정)에 동원(13세). 동원된 지 11개월 만인 1944년 12월, 원인을 알 수 없는 병으로 현장에서 사망. 유해는 고향으로 돌아오지 못했음. *사망 당시 14세.
- 순낭(여) : 1931년(호적은 1933년) 8월 경북 상주 출생. 10세에 조선방적 부산공장에 동원. 조부가 이장이었는데, 인원 할당을 채우지 못해 할 수 없이 손녀를 공출. 공장에서 위독했으나 귀가 조치를 하지 않아 1944년 12월 27일, 부산 부평정 옥천병원에서 사망. 사망원인은 알 수 없고 유해도 회사 측이 처리. *사망 당시 12세.
- 옥련(여) : 1933년 12월 충남 태안군 출생. 1944년 8월 조선방직 부산공장에 동원, 10개월 만인 1945년 6월 28일 기숙사에서 사망. 사망원인과 유해 봉환 여부 알 수 없음. *사망 당시 11세.
- 종해(여) : 1925년 경북 안동 출생. 1938년 함경북도 청진의 대일본방적㈜ 청진공장에 동원, 1년 후 귀가 조치로 귀가했으나 1942년 4월 자살. 성폭행 후유증으로 추정. *사망 당시 15세.

20
조선여자근로정신대가 무엇인가요

제로센.

'제로'는 0(零)이고, 센은 전투기의 일본어인 센토기의 '센(戰)'을 합해 '제로센(零戰)'이라 불렀다. 일반적으로 '레이센'이라고 불렀다. 제로센은 아시아태평양전쟁 당시 일본 해군의 주력 전투기이자 침략전쟁을 대표하는 전투기다. 그렇다면 왜 제로센은 일본 침략전쟁의 대표상품이 되었을까. 단지 전투기에 그치지 않고 신푸(神風)자살특공대원들을 태우고 출격한 전투기였기 때문이다.

제2차 세계대전사에서 가장 무모하고 극단적인 방법으로 청년들을 죽음으로 몰아넣은 사례를 꼽으라고 하면, '가미카제'라 불렀던 신푸자살특공대를 든다. 이는 일본 군국주의의 상징으로 알려져 있다. 이들이 타고 출격한 비행기가 바로 제로센이다. 제로센은 조종석과 연료탱크에 방탄(防彈) 갑판을 떼어내 무게를 줄여 기동력과 항속거리를 늘렸는데 아시아태평양전쟁 당시 일본 주력 전투기로 사용되다가 전쟁 후반에는 상대군 전투함에 자폭하는 자살공격용으로 활용했다.

그런데 웬 제로센 이야기인가. 제로센에는 조선 소녀들의 땀과 눈물이 담겨 있기 때문이다. 제로센은 조선여자근로정신대라는 이름으로 낯선 일본 땅, 미쓰비시중공업 나고야항공기제작소에 동원된 소녀들이 만든 비행기 부품 가운데 하나였다. 제로센의 정식 명칭은 '미쓰비시 A6M영식(零式)함상전투기'(Mitsubishi A6M Zero)이다. 미쓰비시가 제조한 전투기임을 알 수 있다.

조선여자근로정신대는 제로센 부품만 만든 것은 아니었다. 후지코시강재㈜에서는 총알과 총구를 깎고, 각종 무기 부품을 만들었다. 도쿄아사이토(東京麻絲)방적㈜에서는 대포 위장용 커버, 낙하산과 비행기 날개용 천도 만들었다. 열두 살 남짓의 어린아이들이 고사리 같은 손으로 일했다. 이 아이들은 왜 고향을 떠나 일본에 와서 비행기와 무기 부품, 그리고 낙하산 천을 만들었을까. 당국이 조선여자근로정신대라는 이름으로 아동을 동원했기 때문이다.

1944년 8월 26일, 『매일신보』 3면에는 조선총독부 시오다(塩田) 광공국장의 인터뷰가 크게 실렸다. '거룩한 황국 여성의 손, 생산력에 남자와 동렬(同列)-여자근로령 조선에서 실시'라는 기사였다.

『매일신보』는 당국의 정책을 상세히 소개하고 홍보하는 조선총독부 기관지였다. 이 기사가 나온 이유는 8월 23일, 일본 정부가 칙령 제519호로 공포 실시한 여자정신근로령 때문이었다. 여자정신근로령이란 이미 시행되고 있던 여자근로정신대 제도의 법적 근거와 강제력을 부여하기 위해 만든 법이었다. 1944년 8월 26일 자 기사에서 눈에 띄는 부분은 '명령에 복종치 않는 자는 법에 따라 처벌을 받는다'는 광공국장의 발언이다. 피할 수 없는 강제라는 의미다.

동원대상은 12세 이상~40세 미만의 미혼 여성으로 규정했는데, 해당하지 않는 여성의 '지원'도 가능하도록 했다. 그런 탓인지 위원회에서 피해자로 판정한 이들 가운데에는 10~11세 어린이도 14명이나 있다.

일본은 1938년 국가총동원법을 공포 시행한 후 각종 법령을 만들어 물자와 자본, 그리고 인력을 전쟁에 동원했다. 일본인은 물론, 식민지 조선인과 타이완인도 예외가 아니었다. 남녀노소 가리지 않았다. 기혼 여성의 경우에는 건강한 아들을 낳아 군인으로 키우는 '모성'이라는 점을 감안했으나 미혼 여성은 빠져나갈 수 없었다. 특히 조선에서는 '여성'이라

여성을 동원하기 위한 법령과 결정, 지시

1938년 9월 「의료자관계직업능력신고령」 시행
1939년 1월 「국민직업능력신고령」 시행
1940년 10월 「청년국민등록」 실시
1941년 4월 조선총독부, 「여자광부갱내취업허가제」 시행 *조선에서만
1941년 10월 「청장년국민등록」 실시
1941년 12월 「국민근로보국협력령」 시행
1943년 9월 차관회의 결정, 「여자근로동원 촉진에 관한 건」
1943년 10월 후생성 노동국장, 각 도도부현(都道府縣) 지사에게 「여자근로동원촉진에 관한 건」 하달
1944년 2월 「국민직업능력신고령」 개정
1944년 3월 각의결정, 「여자정신대제도강화방책요강」
1944년 8월 「여자정신근로령」 시행
1944년 11월 후생차관 통첩, 「여자징용 실시 및 여자정신대 출동기간 연장에 관한 건」 하달
1945년 3월 「국민근로동원령」 공포

는 말을 쓰기도 힘든 어린애들까지 포함했다. 이들을 동원하기 위해 법령을 새로 만들거나 개정했다.

여자정신근로령을 공포하기 이전인 1944년 6월 10일, 조선총독부의 다나카 다케오(田中武雄) 정무총감은 여자정신대의 동원을 강조하는 지시를 내렸다. 정무총감은 지금으로 보면 국무총리에 해당하는 직위다. 6월 29일에는 『매일신보』에 모집 광고도 냈다.

이같이 1944년 8월 23일 여자정신근로령이 공포되기 이전부터 조선의 미성년 소녀들은 각종 군수공장에 동원되었다. 조선총독부 당국은 1944년 초부터 초등과정의 학교에 다니거나 막 졸업한 소녀들을 조선여자근로정신대라는 이름으로 부관연락선에 태웠다.

교장과 교사가 나서서 상급학교에 진학할 기회라고, 일본의 좋은 여학교에서 공부하며 돈을 벌 수 있다고 속였다. 아이들에게 교사의 말은 가장 엄중했다. 부모님이 아무리 반대해도 선생님 말씀은 어길 수 없었다. 선생님 말씀은 아이들의 마음을 움직였다. 집안이 유복했으나 선생님 말씀에 따라 몰래 아버지 도장을 훔쳐 지원서를 제출했다. 다녀와야 졸업장을 준다거나 급장이니 모범을 보여야 한다는 질책에 할 수 없이 지원서에 도장을 찍은 아이들도 있었다.

신문의 모집 광고에도 지원자가 늘지 않자 당국은 강도를 높였다. 단순한 선전을 넘어 '일본 여성들에게 지지 말고 특공정신으로 응모하라'고 압박했다. 할당을 못 채운 지역에서는 군청과 면 직원이 합세했고, 마을의 이장이 나서서 '누구네 집에 딸이 있소!' 하며 길잡이를 했다. 6학년 여학생 전원을 대상으로 제비뽑기를 한 학교도 있었다.

수송을 위해 경찰이 나섰다. 경찰은 역 앞에서 딸을 낚아채려는 아버지의 손을 막아섰다. 법을 들이대며 으름장을 놓았다. 안 가면 '1년 이하의 징역이나 1,000원 이하의 벌금'을 물어야 한다고 했다. 이런 벌을 누가 감당하겠는가.

역 앞에서 아이들을 구하지 못한 군산의 일부 학부형들은 직접 딸들을 따라 도야마에 있는 후시코시강재㈜ 공장까지 갔다. 공장에 도착해서 챙겨간 쌀과 고기로 밥을 해 먹인 후에야 돌아섰다. 어떤 아버지는 귀한 딸이 걱정스러워 계속 일본으로 김치와 밑반찬을 보내주었다. 그런데 당국은 이런 금쪽같은 조선의 딸과 그 부모들을 속였다. 시오다 국장은 『매일신보』와의 대담에서 '비행기공장은 공장인지 학교의 연장인지 알 수 없을 정도로 훌륭한 곳'이라고 표현했다. 그러나 거짓말이었다. 학교는 없었다. 새빨간 거짓말이었다.

게다가 상황은 좋아지지 않았다. 생산량은 늘었고 감독의 화풀이는 심해졌다. 화장실에서 조금만 늦게 나와도 매질이 날아왔다. 그렇게 힘들고 고통스러운 상황 속에 소녀들은 열심히 몸을 움직여 무기 부품과 낙하산 천, 대포를 덮을 천막도 만들었다. 제로센을 완성했다.

'아버지 말을 안 들어서 이렇게 된 거야'라는 후회와 자책은 평생 소녀들의 몫으로 남았다. 자기 반 아이를 지키지 못했다고 반성한 일본인 교사는 있었다. 데려간 죄를 사과한 일본인 교사도 있었다. 그렇다고 소녀들이 겪은 일은 사라지지 않았다. 남성 중심의 봉건 질서가 뿌리 깊게 자리한 한국의 가부장 사회에서 소녀들은 자기도 모르는 사이에 행실이 좋지 않은 여자로 낙인찍혔다. 이혼을 당하는 일도 적지 않았다. 겨우 꾸린 가정도 불안하기는 마찬가지였다. 평생 사회적 냉대와 편견 속에서 받은 고통의 상흔은 여전히 뚜렷하다.

하루는 10년 가까이 소식도 없던 남편이 어디서 어린 꼬마 남자아이 셋을 데리고 들어 왔더라고요. 무슨 애들이냐고 하니까. 대뜸 성질부터 내는 거예요. '일본에 가서 몸 팔다 온 년이 내가 바람 좀 피웠다고 무슨 죄냐?'고 하면서….

이날 이때까지 큰소리로 한번 웃어본 적이 없어요. 내 평생 가슴 펴고 큰길 한번 다니지 못하고 뒷길로 뒷길로만 다녔어요.

얼마나 많은 조선의 소녀들이 여자근로정신대라는 이름으로 동원되었을까. 이들은 어디로 가서 어떤 일을 겪었을까. 안타깝게도 정확한 규모나 동원한 기업 현황은 알 수 없다. 위원회 조사 결과만 남아 있을 뿐이

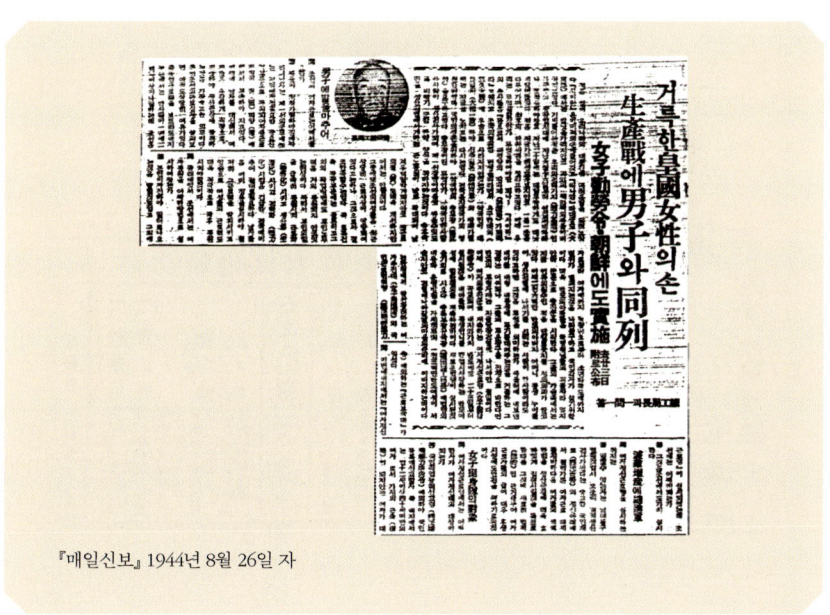

『매일신보』 1944년 8월 26일 자

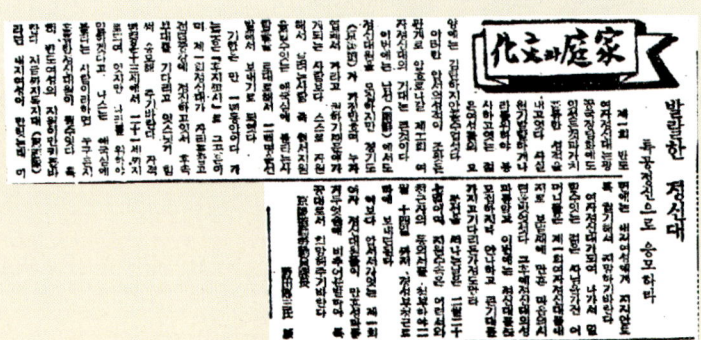

여자근로정신대 지원을 독려하는 기고문 형식의 기사(『매일신보』 1945년 1월 25일 자)

다. 미쓰비시중공업 나고야항공기제작소, 후지코시강재 도야마 공장, 도쿄아사이토 누마즈(沼津) 공장. 위원회 조사로 알게 된 내용이다. 야하타 제철소로도 갔고, 나가사키에 있는 조선소와 나고야육군조병창으로도 갔다는데, 조사하지 못했다. 조선에서도 평양육군조병창으로도 갔고, 방적공장으로도 동원되었다고 하는데, 모두 조사 대상이다.

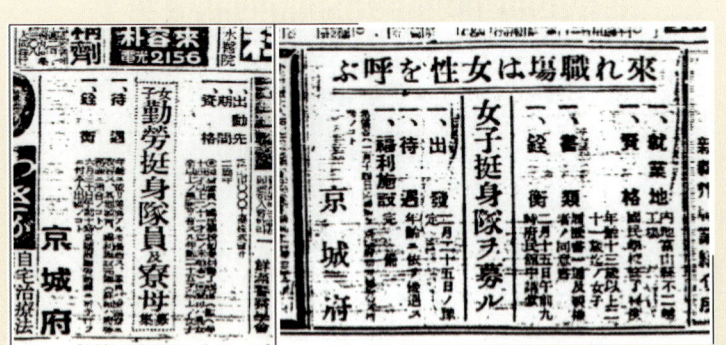

경성부가 1944년 6월 29일과 1945년 1월 26일에 낸 여자근로정신대 모집 광고(『매일신보』)

피해자 김희경이 일본 도야마에 있는 후지코시강재㈜로 출발하기 전에 교사·학부형들과 함께 덕수국민학교에서 촬영한 사진

출처: 국무총리 소속 대일항쟁기 강제동원피해조사 및 국외 강제동원희생자 등 지원위원회, 2012, 『조각난 그날의 기억』, 62쪽.

아직도 건재한 미쓰비시 나고야 항공기 도토쿠 공장의 모습(2014년 4월 7일, 안해룡 촬영)

21
굴종하지 않는다

 "조선인이 바보인가. 왜 저항하지 못하고 끌려갔는가!" 강제동원의 역사를 부정하는 이들의 주장이다. 그러나 이들의 주장은 틀렸다. 한인들은 저항 없이 그저 끌려가지 않았다. 힘없는 어린이들은 저항할 수 없어 끌려갔으나 성인들은 다양한 방법으로 저항하고, 저항을 넘어 적극적으로 투쟁했다. 그러다가 귀한 목숨을 잃은 이들도 있었다.
 일제 말기 강제로 동원된 한인들의 투쟁저항은 내용에 따라 동원거부·작업장 탈출과 같은 소극적 저항, 비밀결사·현지 투쟁과 같은 적극적 저항으로 구분할 수 있다. 동원 과정의 저항과 강제동원 현장에서의 저항으로도 구분할 수 있다.
 동원 과정에서 한인이 전개한 다양한 저항 사례를 살펴보자.
 일본 제국주의를 상대로 저항할 힘을 갖추지 못한 한인이 일본의 국가권력을 상대로 저항과 투쟁을 벌인다는 것은 매우 큰 용기가 필요했다.

그러나 용기를 낸 이들은 적지 않았다.

1944년 6월, 식민지 행정을 관할하던 일본 내무성 관리국은 조선의 민정 동향 및 지방행정 현황을 조사하기 위해 직원을 조선에 출장 보냈다. 조선에서 납치 방식으로 동원하거나 무리한 노무관리로 인해 탈출자가 증가하고 동원업무가 원활하지 않다고 판단했기 때문이다. 출장 다녀온 직원은 1944년 7월에 관리국에 출장복명서를 제출했는데, "조선인을 인질처럼 약탈, 납치"하고 있다고 기록했다. 그렇게 하지 않으면 다 도망쳐 버리기 때문이라면서.

그 밖의 어떤 방식을 통하더라도 출동은 오로지 납치와 같은 상태이다. 그 이유는 만일 사전에 동원 사실을 알리면 모두 도망쳐 버리기 때문이며, 그래서 야습, 유인, 기타 각종 방책을 강구해 인질처럼 약탈, 납치하는 사례가 많아진다.

그보다 한 해 전인 1943년 11월, 조선총독부 관료와 기업 간부 등이 참석한 가운데 열린 도요게이자이신포사(東洋經濟申報社) 주최 좌담회에서도 같은 논의가 있었다. 조선총독부 후생국 노무과에 근무하던 다하라 미노루(田原実)는 "노무자를 모으는 작업을 반강제적으로 하고 있다"며 노무자 공출의 애로사항을 털어놓았다. 그가 밝힌 애로사항도 관리국 직원의 출장복명서 내용과 같았다. "사전에 알려주면 달아나 버리기 때문"이었다. 경관을 살해하고 폭행하는 일도 있었다.

최근 일반징용 실시의 취지를 발표하자 … 자기의 손발에 상처를 내고 불구자가 되어 기피하는 자, 심지어는 읍면 직원 내지 경찰관의 전자(專恣)에 기인한 덕으로 곡단하여 이를 원망하여 폭행, 협박하는 등 실로 일일이 헤아릴 수 없고 최근 보고사범만으로도 20여 건을 헤아리는 상황이다. 특히 지난번 충청남도에서 발생한 송출 독려차 부임한 경찰관을 살해한 사범은 그간의 동향을 말해 준다. 특히 최근 주목되는 집단기피 내지 폭행행위로서 경상북도 경산 경찰서에서 검거한 불온기도 사건과 같은 것은 징용기피를 위해 청장년 27명이 결심대(決心隊)라는 단체를 결성해 식도, 죽창, 낫 등의 무기를 휴대하고 산 정상에서 농성하며 끝까지 목적 관철을 기도하는 것에서 첨예화한 노동계층 동향의 일단을 알 수 있다.

국민징용령 제3차 개정에 즈음해 1944년 조선총독부가 제85회 일본제국의회에 보고한 내용이다. 결심대란 비밀결사인 대왕산결사대가 전개한 대왕산죽창 의거를 말한다. 대왕산죽창 의거는 1944년 7월에 일어난 징용거부 투쟁이다.

경북 경산면 남산면에서 결사대를 조직한 안창률(安昌律), 김명돌(金命乭), 김인봉(金仁鳳) 등은 대부분 농업에 종사하거나 면서기 등 하급관리도 있었다. 이들 29명은 1944년 7월 25일, 죽창, 식량 및 취사도구, 연장 등을 준비해 대왕산으로 들어간 후 의거대장 안창률을 앞세워 남산면 주재소 건물 파괴 및 고메타니(米谷, 주재소 근무자) 살해를 결의했다.

이에 경산경찰서가 7월 27일 경방단과 순사, 일본인들을 동원해 해산을 기도하자 2시간 대접전을 벌여 일본인들에게 부상을 입혔고, 8월 1일과 4일, 5일 접전에서도 승리했다. 이들은 8월 1일 대접전 승리 후 "조선 독립이 임박한 것 같으니 더 용기를 내 단결하자. 중국, 미국 등 해외 각

처에서 독립운동이 활발히 전개되고 있으니 우리는 국내에서 절대로 징용되어서는 안 되고 끝까지 왜놈들을 괴롭히자"며 항전을 결의했다. 그러나 8월 9일 식량을 구하기 위해 하산하던 특공대와 정보연락대가 체포되면서 모두 검거되었다.

이들은 1944년 10월 4일에 보안법 및 치안유지법, 폭력행위 등에 관한 법률 위반으로 수감되었는데, 가혹한 고문으로 안창률이 옥중 순국(1945.4.6.)했고 8명이 병보석으로 출옥했으며, 김경룡은 병보석(1945.6.23) 직후인 1946년 3월 사망했다. 광복 출옥한 14명 가운데 2명도 1950년과 1951년에 사망했다. 고문 등 가혹행위가 얼마나 심했는지 알 수 있다.

소년이라고 봐주지 않았다. 1944년 12월 10일 밤, 전남 구례 출신 소년 5명(1926년생)이 여수 대창여관을 빠져나왔다. 내일이면 모두 일본의 군수공장으로 가기 위해 려관연락선(여수~시모노세키)을 타기로 되어 있었다. 그런데 출발 전날, 소년들 사이에 반장 역할을 하던 부흔의 제안으로 탈출한 것이다. 소년 다섯 명은 숙소를 빠져나온 후 잘 숨어 있다가 1945년 1월 20일경 설 명절을 맞아 집으로 돌아왔으나 체포되어 구례경찰서로 끌려갔다. 소년 다섯 명이 경찰서에서 당한 전기고문과 물고문이 얼마나 가혹했는지 63킬로그램이었던 창용의 체중은 41킬로그램으로 줄었다. 이들은 국가총동원법 국민징용령 위반 혐의로 법원에서 정식 재판 없이 약식명령에 따라 징역 10개월을 언도받고 4월 10일 광주형무소와 경성형무소를 거쳐 인천소년형무소에 수감되었다. 그리고 수형자 신분으로 공장이나 저수지공사장에서 일했다.

당국은 송출 과정 중의 탈출을 방지하기 위해 피검자에 대해서는 실형을 부과하고, 수형기간 중에도 작업장에 동원하는 등 강하게 탄압했다.

그러나 이 같은 탄압도 징용을 가지 않으려는 의지를 꺾을 수 없었다. 조선총독부 경무국 자료에 의하면, 1944년 1~6월간 노무관계사범 1,643건(1,897명) 중 국민징용령 위반자는 265건(270명)이고, 이 가운데 134건(137명)이 검거되었다. 1944년 10월 16일부터 10일간 조선총독부 경무국이 실시한 일제 조사기간 중에만 국민징용령 위반자 6,726명, 징용출두명령서를 받고 출두하지 않은 자 16,440명 등 총 23,166명이 단속될 정도로 한인의 저항은 심해졌다.

그렇다면 일단 끌려간 후에는 굴종하며 지냈을까. 그렇지 않았다. 부득이 조선에서 탈출에 실패하고 부관연락선을 타야 했던 이들은 일본에 도착한 후 다시 탈출을 시도하기도 했다. 경북 영천 출신의 청년 술봉은 1942년 11월 7일 후쿠시마현의 이리야마(入山) 채탄(㈜)으로 동원되던 중 이바라키현(茨城縣) 이소하라(磯原) 부근에서 탈출하려 기차에서 뛰어내리다 두개골 골절로 사망했다.『일제하피징용자명부』라는 자료에 나오는 내용이다.

수송 과정에서 탈출에 실패한 이들은 포기하지 않고 일본에서 파업과 태업으로 저항을 이어 나갔다. 이들이 일본에서 투쟁할 수 있었던 것은 1920년대부터 계속되어 온 일본 지역 한인 노동운동의 성과와 조선부락이라는 한인 집단 마을이 있었기 때문이다.

무시무시한 시절, 일본 땅에서 한인들은 2,554건의 파업과 태업을 벌였다. 그 가운데 강제로 동원된 노무자들이 벌인 파업과 태업은 1,784건에 달했다. 1939년 후 참가자 총 108,978명은, 일본 지역 동원 노무자의 10%에 해당했다.

엄혹한 시기에 탈출이나 기피는 중형을 받도록 되어 있었으므로 매우

〈표 8〉 1939~1944년 일본 지역 한인의 노동운동

연도	일본 지역 파업 상황		한인의 파업						일본인 파업	
			건수			참가인원				
	건수	참가인원	한인 전체	일반 도일자	강제동원 노무자	한인 전체	일반 도일자	강제동원 노무자	건수	참가인원
1939	1,305	142,034	185	153	32	13,770	9,630	4,140	1,120	128,264
1940	1,419	96,735	687	349	338	41,732	18,349	23,383	732	55,003
1941	933	55,788	588	96	492	38,503	4,997	33,526	334	17,285
1942	735	38,878	467	172	295	24,505	8,499	16,006	268	14,373
1943	741	31,484	324		324	16,693		16,693	417	14,791
1944	599	25,292	303		303	15,230		15,230	296	10,062

큰 용기가 있어야 했고, 엄청난 희생이 뒤따랐다. 히로시마 구레(吳)해군시설부에 징용되어 비행장을 닦는 노역에 투입되었으나 1943년 8월 9일 700명의 조선 청년과 함께 봉기한 김선근(1921년 선산에서 출생)은 해군군법재판에서 '폭동을 주도한 혐의'로 징역 4년형을 언도받고 해군형무소에 수감된 지 몇 개월 지나지 않아 사망했다. 오사카의 전문학교에서 법학을 전공했고, 축구와 마라톤을 즐겼던 24살의 건장한 조선 청년을 죽음으로 몰아간 것은 일본 국가권력이었다.

그가 '폭동을 주도한' 이유는 동료가 받은 모멸감을 견디지 못했기 때문이었다. 1943년 8월 9일 오후 7시 30분경, 제1료 24반 소속 한인 청년 문인태가 일본인 지도원에게 폭행을 당해 피를 흘리며 식당에 들어섰다. 김선근은 일본인 지도원을 찾아가 따지자 '맞을 짓을 했기에 때렸다'고 대답했다. 이에 분개한 청년은 '폭동의 선봉'에 섰고, 28명의 조선 청년이 김선근의 지시에 따라 '일사분란하게' 움직였다.

그렇다면 김선근은 이런 결과를 예측하지 못했을까. 그렇지 않았을 것이다. 판결문에 따르면 김선근은 이미 오사카에서 유학하던 시절에 "좌익

문헌"을 읽었다는 이유로 1942년 12월 3일 미야코지마(都島)경찰서에 연행되어 고생한 적도 있었다. 그런 김선근이 취역거부를 일으킨 대가가 어떨 것이라는 점은 명확히 알고 있었을 것이다. 더구나 그가 '폭동'을 일으킨 곳은 해군 소속의 비행장이었다. 민간인이 해군을 상대로 폭동을 일으

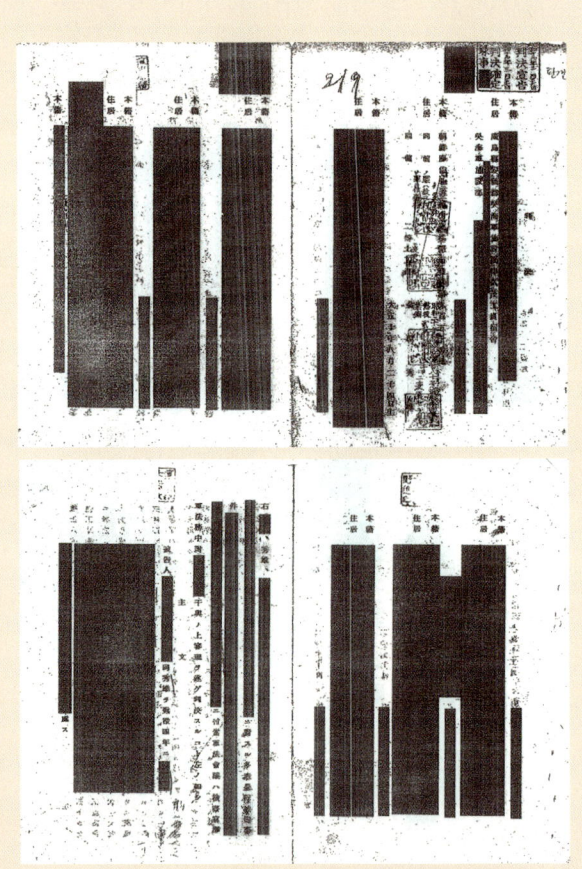

먹줄로 지워진 김선근의 수형기록: 廣刑甲收 제332호, 쇼와 19년 3월 26일 판결선고, 쇼와 19년 3월 27일 判決確定錄事, 작성자 히로시마형무소장 津田哲郎
출처: 김선근의 판결문 사본

킨 셈이니 그 엄중함을 모를 리 없었을 것이다. 그런데도 김선근은 동료가 당한 모멸감을 참지 않고 투쟁의 선봉에 섰다.

김선근 등 29명의 투쟁, 108,978명의 노동운동 참가 한인 노무자들, 1,784건의 파업과 태업. 이러한 현상을 무엇으로 설명할 수 있을까. '굴종', '체념'으로 설명할 수 없다. 개인적 울분의 표시도 아니다. 조직적이고 지속적인 투쟁의 모습이다.

22

강제가 아니라고?

　2007년 3월 일본 아베 신조(安倍晋三) 총리는 '좁은 의미의 강제성'을 내세워 일본군'위안부'의 강제동원을 부정했다. '좁은 의미의 강제성'이란 '유괴범처럼 끌고 가는 방식'의 강제연행이다. 아베 총리가 '보편적 의미의 강제성' 대신 '좁은 의미의 강제성'을 내세운 것은 강제성을 희석하기 위한 정치적 의도 때문이다.

　2018년 한국 대법원판결 이후 일본 정부 입장은 일본군'위안부'의 강제동원 부정을 넘어 '징용공'의 존재나 노무동원의 부정으로 이어졌다. 당시 용어인 '징용공'과 노무자는 사라지고 노동자가 등장했다. 일본 국가총동원기 실상을 왜곡하거나 부정하고 노동자의 권리를 박탈당한 노무자가 아니라 권리와 의무를 가진 노동자가 있었던 시기로 둔갑한 것이다.

　이러한 역사 왜곡과 부정은 일본 정부 입장에 국한하지 않는다. 2019년에 출간한 『반일종족주의』에서도 볼 수 있다. 그보다 앞서 2003년 12월 국회에서 열린 강제동원·친일 진상규명 특별법 공청회에서『친일파를 위한 변명』(2002년)의 작가(김완섭)의 발언도 있었다.

독일 국민이 제2차 세계대전 피해를 입었다고 정부를 상대로 무엇을 요구하지 않는다. 국민이 자기 나라 전쟁에 협조하는 것은 당연하기 때문이다. 식민지 조선인은 일본국민이었으므로 자국의 전쟁을 도운 것은 당연하다.

두 주장을 종합하면, 일제의 식민지배는 합법적 과정의 산물이라는 인식을 토대로 강제동원 피해의 역사와 강제성을 부정하는 주장이다. 그렇다면 이들이 부정하는 강제성을 일본 정부의 공식 발언과 국제노동기구(ILO)의 규약을 통해 살펴보자.

… 1940년대 일부 지역에서 그들의 의지에 반하여 가혹한 조건하에서 일하도록 강요당한 많은 한국인들과 다른 사람들이 있었고, 제2차 세계대전 동안 일본 정부 또한 요구 정책을 시행했다.(… there were a large number of Koreans and others who were brought against their will and forced to work under harsh conditions in the 1940s at some of the sites, and that, during World War II, the Government of Japan also implemented its policy of requisition.)

2015년 7월 5일, 독일 본에서 열린 제39회 유네스코 세계유산위원회에서 '메이지 일본의 산업혁명유산, 제철·제강·조선·석탄산업' 등재와 관련한 사토 구니(佐藤地) 주(駐)유네스코 일본대사의 공식 발언이다. 영문 발언록 원문은 현재 유네스코 세계유산위원회와 각국의 유네스코 위원회 공식 홈페이지에 있다.

이 발언은 일본 최초로 국제기구에서 아시아태평양전쟁의 강제동원을 공식 인정한 사례이다. 물론 일본 정부는 단 하루 만에 강제성을 부정했다. 일본 정부 스스로 발언의 무게감을 인정했기 때문이다.

기시다 후미오(岸田文雄) 외무상은 5일 일본 메이지 산업혁명 시설이 세계문화유산 등재가 결정된 직후 기자들과 만난 자리에서 사토 구니 주유네스코 대사가 언급한 '강제징용' 표현이 '강제가 아니라 일하게 됐다'라는 자발적 노동 의미로 번역했다. 아베 총리도 10일 열린 중의원 안보법제특별위원회에서 "(세계유산위원회) 일본 대표단의 성명에 포함된 'forced to work'는 대상자의 의사에 반해 징용된 경우도 있다는 의미"라며 "일본 정부가 강제노동 사실을 인정한 게 아니다"라고 강조했다.

이 같은 입장은 현재에도 이어져 유네스코 세계위원회 권고에 따라 2020년 6월 일본이 도쿄에 설치한 일본산업유산정보센터에 별도 전시 패널을 설치한 '진실의 역사를 추구하는 하시마 도민회'의 관계자는 2015년 7월 사토 구니 일본대사가 "조선인이 가혹한 조건에서 강제로 노역했다"고 인정한 것은 사토 대사가 잘 알지 못해 잘못 얘기한 것이라고 주장했다.

이번에는 국제질서가 규정한 전시 강제노동을 통해 강제성을 살펴보자.

1919년에 창설된 국제노동기구(ILO)는 1930년 강제 또는 의무 노동에 관한 협약(강제노동협약)(29호)을 채택했고, 1932년 일본은 ILO 강제노동협약을 비준했다. 강제노동협약은 총 178개국이 비준했을 정도로 보편적 최소 노동기준을 제시하고 있다고 할 수 있다.

이에 따르면, 일본은 ILO 강제노동협약 제1조 제1항에 따라 "가능한 한 조속히 모든 형태의 강제 또는 의무 노동 사용을 억제할" 법적 의무를 져야 했다. 그 외에도 자발적인 노동의 통상적인 노동시간과 동일한 노동시간, 초과 노동시간에 대해서는 통상 요율에 따른 보수 지급(제13조), 통상적으로 지급되는 것보다 낮지 않은 현금 보수 지급(제14조 제1항), 노동자 개별 임금 지급(제14조 제3항), 산재 보상(제15조 제1항), 노동자의 건강 보호와 가족에게 송금 허용(제17조), 강제노동의 광산 갱내노동 사용 금지(제21조), 강제노동의 불법적인 강요 처벌 의무(제25조) 등을 규정하고 있다. 이 같은 기준에 근거해 당시 한인 전시노무동원 실태를 적용해 보면, 강제노동협약의 규정을 광범위하고 체계적으로 위반했음을 알 수 있다.

ILO가 회원국들의 국제노동기준 적용의 공정하고 객관적인 평가를 위해 ILO 이사회에서 임명한 20인의 저명한 법조인으로 구성된 협약 및 권고 적용 전문가위원회(CEACR)는 1999년 제87차 ILO 총회(ILC)에서 일본 당국의 전시노무동원에 관한 소견을 공표했다. 소견은 "이같이 개탄스러운 조건으로 일본의 사부문 산업에서 일할 노동자를 대량 징용한 것은 강제노동협약 위반"이라는 내용이었다.

이같이 국제노동기준은 2015년 유네스코 세계유산위원회 등재 이후 지금까지 일본의 입장과 큰 차이가 있다. 이 차이는 전시에 일본이 취한 노무동원 정책이 명확히 당시 국제노동기준을 위반했음을 입증한다.

참고문헌

- 국무총리 소속 대일항쟁기 강제동원 피해진상조사 및 국외강제동원 희생자 등 지원위원회, 2011, 『사할린 강제동원 조선인들의 실태 및 귀환』.
- _____, 2012, 『1944년도 남양청 동원 조선인 노무자 피해실태조사』.
- 국무총리 소속 대일항쟁기 강제동원피해조사 및 국외 강제동원 희생자 등 지원위원회, 2012, 『전라남도 해남 옥매광산 노무자들의 강제동원 및 피해실태 기초조사보고서』.
- _____, 2016, 『위원회 활동결과보고서』.
- 국무총리 소속 일제강점하강제동원피해진상규명위원회, 2006, 『검은 대륙으로 끌려간 조선인들』.
- _____, 2010, 『히로시마·나가사키 조선인 원폭에 대한 진상조사』.
- 국사편찬위원회, 2006, 『구술사료선집 3 – 지방을 살다』.
- 宮孝一, 上田龍男 역, 1944, 『조선징용문답』, 每日新報社.
- 기무라 미쓰히코·아베 게이지, 차문석·박정진 역, 2009, 『전쟁이 만든 나라, 북한의 군사 공업화』, 미지북스.
- 김광열, 2018, 「제2차 세계대전 말기 재일한인에 대한 일본의 감시 태세」, 『재일코리안에 대한 인식과 담론』, 도서출판 선인.
- 김민영, 1995, 『일제의 조선인노동력수탈 연구』, 도서출판 한울.
- 김재근, 1985, 『등잔불-牛岩隨想集』, 정우사.
- 김정아, 2017, 「기록물로 보는 근현대 인천(2)-일본병기제조기변천일람표를 통해 본 인천지역사」, 『한일민족문제연구』 33.
- 김현석, 2019, 『우리 마을 속의 아시아태평양전쟁유적 – 인천광역시 부평구』, 도서출판 선인.
- 노영종, 2001, 「일제말기 조선인의 북해도지역 강제연행과 거부투쟁」, 『한국근현대사연구』 17.
- 도노무라 마사루, 김철 역, 2018, 『조선인 강제연행』, 뿌리와 이파리.

- 신희석, 2020,「토론문-국제법과 일제의 전시 아동 노동 동원」(국가기록원 · 국립중앙도서관 · 동북아역사재단 3개 기관 공동 포럼 발표 자료집 '일제의 전쟁에 동원된 아동과 여성', 2020.8.13., 국립중앙도서관 국제회의장).
- 요시다 유타카, 최혜주 역, 2013,『아시아태평양전쟁』, 어문학사.
- 이상의, 2006,『일제하 조선의 노동정책 연구』, 혜안.
- 이완희, 2014,『한반도는 일제의 군사요새였다』, 나남.
- 장성욱, 2014,「일제말기 경산 '決心隊'의 강제동원 거부 투쟁」,『한국독립운동사연구』47.
- 정혜경 외, 2019,『반대를 론하다: '반일종족주의'의 역사부정을 넘어』, 도서출판 선인.
- 정혜경, 2011,「홋카이도(北海道) 스미토모(住友) 고노마이(鴻之舞)광산 발신전보(發信電報)와 조선인 노무동원 실태」,『강제동원을 말한다-명부편(1)』, 도서출판 선인.
- _____, 2011,『일본제국과 조선인 노무자 공출』, 도서출판 선인.
- _____, 2012,『지독한 이별』, 도서출판 선인.
- _____, 2013,「일제말기 경북지역 출신 강제동원 노무자들의 저항」,『한일민족문제연구』25.
- _____, 2016,「일제 말기 강제로 동원된 조선인의 저항」,『재일코리안운동과 저항적 정체성』, 도서출판 선인.
- _____, 2019,『아시아태평양전쟁에 동원된 조선의 아이들』, 섬앤섬.
- 조건, 2019,「마쓰시로 대본영 건설 조선인 강제동원 실태 결과보고서」, 일제강제동원피해자지원재단.
- 조선총독부, 1941,『朝鮮總督府施政 三〇年史』.
- 통계청, 1995,『통계로 다시 보는 광복 이전의 경제 · 사회상』.
- 허광무 외, 2015,『일제강제동원 Q&A(1)』, 도서출판 선인.

- 森末義彰 · 寶月圭吾 · 小西四郎, 1969,『生活史』, 山川出版社.
- 守屋敬彦 編, 1991,『戰時外國人强制連行關係資料集Ⅲ 朝鮮人2 下』, 明石書房.
- 守屋敬彦, 2012,『朝鮮人强制勞務動員實態調査報告書』, 强制動員眞相究明Net-work.
- 朝鮮人强制連行實態調査報告書編輯委員會 · 札幌學院大學北海道委託調査報告書編輯

室, 1999,『北海道と朝鮮人勞働者』, 北海道廳.

- 『新潟新聞』, 1943년 8월 22일자 '現地報告12'.
- 『新潟新聞』, 1944년 8월 4일자 '嚴に增産祈願'.
- 『매일신보』, 1945년 1월 8일자 '병기증산에 수범-조선기계제작소 표창'.
- 佐渡鑛業所,「半島勞務管理ニ就テ」(1943년 6월).

- ILO, Conventions and Recommendations, 〈https://www.ilo.org/global/standards/introduction-to-international-labour-standards/conventions-and-recommendations/lang—en/index.htm〉; ILO, Ratifications of C029 - Forced Labour Convention, 1930 (No. 29), 〈https://www.ilo.org/dyn/normlex/en/f?p=NORMLEXPUB:11300:0::NO:11300:P11300_INSTRUMENT_ID:312174:NO〉

찾아보기

• ㄱ •

가와사키 탄광 27, 28
강제동원 7, 10, 11, 12, 14, 15, 16, 27, 37, 40, 41, 43, 46, 51, 52, 56, 58, 59, 63, 66, 92, 96, 98, 100, 102, 104, 116, 121, 124, 125, 126
고노마이 광산 19
고베 29, 97
공습 77, 84, 88, 90, 96, 97, 98, 99, 100, 101, 103
공출 11, 12, 26, 31, 103, 107, 117
관알선 10, 15, 16, 18, 20
광부노무부조규칙 69
광산 19, 33, 47, 53, 60, 70, 71, 73, 74, 106, 127
국가총동원법 9, 10, 11, 69, 110, 119
국민징용 10, 16, 17, 18, 20, 118, 119, 120
군무원 7, 10, 50, 82, 83
군수회사 63, 64, 106
군인 7, 8, 9, 10, 15, 16, 22, 72, 82, 93, 110
근로보국대 21, 22, 23, 24, 80, 102
근로정신대 85, 104, 108, 109, 111, 113, 114
김선근 121, 122

• ㄴ •

나가노 39, 87, 88
나고야 97, 100, 109, 114, 115
남사할린 7, 11, 16, 21, 24, 29, 30, 41, 42, 43, 44, 60, 63, 69, 84, 94, 96, 103
남양군도 16, 25, 29, 45, 46, 48, 49
남양청 10, 12, 17, 25, 26, 45, 46, 48, 79, 80, 97
내무성 27, 117
노무계 13, 14, 18, 65
노무동원 11, 13, 14, 16, 21, 26, 27, 30, 31, 37, 38, 44, 47, 51, 52, 55, 56, 124, 127
노무자 7, 8, 9, 10, 11, 12, 13, 17, 18, 19, 20, 26, 27, 37, 50, 77, 80, 82, 83, 97, 104, 117, 120, 121, 123, 124

• ㄷ •

도야마 112, 114, 115
도쿄 39, 41, 84, 87, 88, 89, 90, 91, 93, 97, 98, 99, 101, 109, 114, 126
동아여행사 26, 27, 28
동원 경로 16, 17, 18

131

• ㅁ •

마쓰시로 39, 40
만주 7, 10, 11, 16, 21, 24, 29, 30, 31, 51, 55, 63, 74, 78, 79, 84, 86, 96, 106
만주국 9, 52, 54, 56
매일신보 31, 109, 111, 112, 113, 114
모집 10, 15, 16, 18, 19, 20, 23, 25, 26, 46, 65, 97, 111, 114
미쓰비시 44, 53, 56, 60, 65, 69, 70, 72, 76, 88, 89, 90, 100, 109, 114, 115
미이케 탄광 64

• ㅂ •

부산 18, 20, 25, 26, 28, 29, 35, 41, 42, 43, 70, 71, 72, 73, 106, 107

• ㅅ •

사이판 45, 46, 50, 83, 84, 97
스미토모 19, 56, 73
시모노세키 26, 28, 29, 43, 70, 72, 119

• ㅇ •

아시아태평양전쟁 7, 8, 108, 126
여수 29, 85, 119

옥매광산 33, 104, 106
요코하마 29, 97
원폭 98, 99, 100
위원회 11, 30, 32, 37, 44, 47, 50, 51, 52, 54, 56, 68, 69, 110, 113, 114, 125, 126, 127
유네스코 125, 126, 127
인천육군조병창 34, 35, 36
일본 정부 9, 12, 17, 31, 50, 56, 63, 69, 79, 87, 88, 99, 109, 124, 125, 126

• ㅈ •

조선총독부 12, 13, 16, 17, 19, 21, 22, 24, 25, 26, 27, 31, 37, 43, 46, 48, 53, 54, 56, 79, 80, 109, 110, 111, 117, 118, 120
지쿠호 38, 60
집단농장 11, 48, 49, 56, 57, 103
징용 15, 16, 17, 18, 25, 58, 64, 69, 70, 83, 93, 96, 97, 98, 102, 110, 117, 118, 119, 120, 121, 124, 126, 127

• ㅌ •

탄광 17, 20, 27, 28, 30, 41, 43, 44, 51, 59, 60, 62, 63, 64, 65, 66, 67, 68, 69, 72, 75, 77, 92, 93, 94, 103
탄광산 11, 32, 34, 37, 38, 55, 58,

74, 76, 82
태평양 7, 10, 11, 29, 30, 41, 45, 47,
  48, 49, 50, 52, 58, 60, 63, 80, 83,
  84, 85, 87, 88, 96, 97, 98, 103
토목건축공사장 11, 23, 24, 30, 44,
  46, 47, 51, 55, 77, 78, 79, 80, 82,
  83, 84, 87, 92, 93, 94, 103, 104
티니안 49, 50, 84, 97, 98, 99

• ㅍ •

팔라우 45, 46, 60, 84, 85, 97

• ㅎ •

하이난섬 24, 51, 52, 53, 54, 56
홋카이도 19, 37, 38, 41, 60, 66, 67,
  70, 72, 84, 98
화태 41, 42, 71, 72, 73, 79
후생성 25, 26, 110
후지코시 90, 94, 109, 114, 115
후쿠오카 17, 27, 38, 68, 69, 84

• I •

ILO 125, 126, 127

일제침탈사 바로알기 6
조선민중이 체험한 '징용'

초판 1쇄 인쇄   2021년 3월 5일
초판 1쇄 발행   2021년 3월 15일

지은이	정혜경
펴낸이	이영호
펴낸곳	동북아역사재단

등 록	제312-2004-050호(2004년 10월 18일)
주 소	서울시 서대문구 통일로 81 NH농협생명빌딩
전 화	02-2012-6065
팩 스	02-2012-6189
홈페이지	www.nahf.or.kr
제작·인쇄	(주)동국문화

ISBN   978-89-6187-617-9 (04910)
           978-89-6187-482-3 (세트)

• 이 책은 저작권법으로 보호를 받는 저작물이므로 어떤 형태나 어떤 방법으로도 무단전제와 무단복제를 금합니다.
• 책값은 뒤표지에 있습니다. 잘못된 책은 바꾸어 드립니다.